政法老兵的背影
——追忆曲珣

曲雯◎著

中国社会科学出版社

图书在版编目(CIP)数据

政法老兵的背影：追忆曲珂/曲雯著. —北京：中国社会科学出版社，2017.5
ISBN 978 - 7 - 5203 - 0166 - 4

Ⅰ.①政… Ⅱ.①曲… Ⅲ.①曲珂(1927—2015)—生平事迹 Ⅳ.①K825.19

中国版本图书馆 CIP 数据核字(2017)第 081032 号

出 版 人	赵剑英
责任编辑	王 衡
责任校对	朱妍洁
责任印制	王 超
出　　版	中国社会科学出版社
社　　址	北京鼓楼西大街甲 158 号
邮　　编	100720
网　　址	http://www.csspw.cn
发 行 部	010 - 84083685
门 市 部	010 - 84029450
经　　销	新华书店及其他书店
印刷装订	北京君升印刷有限公司
版　　次	2017 年 5 月第 1 版
印　　次	2017 年 5 月第 1 次印刷
开　　本	787×1092　1/16
印　　张	13.25
字　　数	143 千字
定　　价	88.00 元

凡购买中国社会科学出版社图书，如有质量问题请与本社营销中心联系调换
电话：010 - 84083683
版权所有　侵权必究

曲珣(1927—2015 年)

中共北平学委中学委秘书曲珂

曲珂留学苏联期间(1953年)

曲珂在市委机关办公室(20世纪50年代)

曲珂在市高院(1986年)

曲珣在律师事务所（20世纪80年代后期）

曲珣法官制服照（1984年）

曲珣在市高院经济庭30周年座谈会（2009年）

曲珣在宽沟会议中心参加老干部学习

地下战友魏有仁、魏自强、傅青、曲珣相聚母校

北平三中高二乙班党员马骏来京到曲珣家小聚（1995年10月5日）

北京三中地下党员1999年国庆节期间聚会

前 排 坐 者（从左至右）：李德文　黄淼仙　王 浒　顾昂然　王大明　汪家镠　周世贤　王 蒙　李伯康　高占祥　曲 珂　金 鉴　郭文杰
第二排站立者（从左至右）：刘亚南　范保云　安静湘　郭嘉耀　曹毓华　金启铮　尹仪芝　经宗儒　宋 诚　王仕平　刘智彤　万进庆　丁维峻
　　　　　　　　　　　　　陈宗琴　孙 韬　姬君式　范云江　林 红
第三排站立者（从左至右）：白 波　戈福华　商振华　张其锟　张先翱　徐文良　李永华　梁铁山　匡国良　段金聱　俞晓松　侯书田　冀书良
　　　　　　　　　　　　　李晓月　马玉桂　张瑞华　贾永吉　孙伯戬　范有生　肖 锋　何春霖　冯松青

北京市团市委成立65周年留念

团市委老干部聚会留念(20世纪90年代)

北京市青联委员于人大会堂合影(1989年),曲珣在第二排左四

老团干与原北京团市委书记、后任团中央书记处书记王照华(左五)相聚(1996年)

曲珣与原留苏中国班第二期苏联翻译瓦里娅及女儿合影(1994年11月26日)

原留苏中国班第二期学员在北京世界公园聚会

四学友：邹炜、曲珣、陈模、李文义

"八闲聚"在曲珣家相聚，左起曲珣、邹炜、李文义、陈模、方占华、宜风、孙润宇

房山法院同事郭光临、刘克诚、陈淑洁到家中看望曲珣(2000年)

2007年秋曲珣(第一排右)与市高院院长刘云峰(第一排中)到门头沟法院为卫定国(第一排左)祝寿后合影。第二排左起周清(左二)、黄建京(左三)、韩文中(左四)、马子荣(左五)、吕玉宝(左六)、卫一平(左七)

曲珣与老搭档蔡祥云(原西城区法院副院长)合影

北京市西城区人民法院部分人员合影
第一排 胡刚、刘革生、杨实、李养田、曲珣、蔡祥云、张明杰、杨若寒、李立千；
第二排 杨平胜、王亚东、孔根棣、粟发石、王秋英、张月珍、王文斌、张全喜；
第三排 张健、王晓京、赵建民、刘双景、薛经健、张淑珍、王哲明

北京市高级人民法院刑庭部分同事合影
第一排右起：曲珣、许汝藩；唐占蕴（右四）；第二排蒋克（左一）、慕平（左六）

北京市高级人民法院刑庭全体合影

北京市高级人民法院刑庭部分同志聚会(2012年)

北京市政法老干部党校第三期局职离退休干部读书班人员合影(2006年),曲珣在三排右五

接待外国法律界代表团交流经济审判工作

1986年9月全国部分省市法院经济案件牡丹江讨论会合影。曲珣在第一排右一

经济庭全体同志合影

1986年6月由北京市高院经济庭主办的高级人民法院经济审判干部第三期培训班毕业合影

曲珣与广州同事交流(1985年)

1985年12月最高法院组织的全国经济审判工作座谈会,曲珣(第二排左六),时任最高法院经济审判庭副庭长费宗纬(第一排左六)

历任北京市高级人民法院经济庭长与现任经济庭同志合影(2009年)

北京市高级人民法院法副院长朱江祝贺新春(2009年)

与北京经济法研究会常务副会长在一起。左起曲珣、周奎正、张耀宗

讨论经济审判问题,曲珣(中)、张耀宗(右)

曲珣与许汝藩(左一)在北京市正大律师事务所(原北京市法律服务部)接待外省同事

赵玉荣、曲珣、许汝藩研究案件

正大律师事务所的同事在曲珣家聚会(2001年1月10日)

曲珣、许汝藩与王永源(曾继曲珣任北京市西城区人民法院院长,后任北京市中级法院院长,退休后加入正大律师事务所)(1996年1月26日)

北京工商联法律事务部部分成员在办公室前留影

曲珣与天安所同事在怀柔

法律顾问曲珣(左六)与北京房地产开发经营总公司总经理张包铨(左五)等到石景山业务单位

北京金卡网络有限责任公司世纪合影,法律顾问曲珣(第一排左六)、马玉桂(第一排左七)

曲珣与马玉桂出差(1998年)

曲珣与吴金良、赵玉荣出差海南

北京市法院部分领导马年新春联欢纪念(2002年)

北京市高院离退休干部纪念建党90周年座谈会(2011年)

北京市高级人民法院经济庭退休同志在雁栖湖老干部读书班时的合影

北京市高级人民法院离退休干部第六党支部党员在国家法官学院北京分院合影

曲珣到法律服务志愿者、离休市法院副院长李放家贺米寿(2010年11月8日)

吴文藻同志(前排中)80周岁生日合影

曲珦与曹立昆合影

曲珦与唐占蕴合影

北京建工学院60周年校庆(1996年),前面所坐老者为恩师蔺先生

建工60周年校庆(1996年),左起崔锟、曲珣、马启意、钟梦熊

曲珣与土九班同学登慕田峪长城(1988年)

土九班同学照(2003年)第一排 赵以苏、李昶、郑光临、吴治钧、曲珣;第二排 张泽生、张继生、张家齐、于锡明、马植舜(非本班);第三排 刘志学、谢树桐、董公民、崔锟;第四排 马启意、宋大为、闫金生、钟梦熊

曲珣与孙润宇结婚照（1952 年）

结婚十年纪念照

古稀留念

曲珣夫妇参观"一切为了人民"展览

社区贺金婚

钻石婚留念

北京市高级人民法院为离休干部许汝藩、蒋克和曲珣夫妇举行隆重的钻石婚庆祝仪式

曲珣、孙润宇夫妇在钻石婚庆祝仪式现场

全家福(1972 年)

春节贺米寿(2015 年)

曲珣夫妇与外孙女(1994年农历初一)

曲珣夫妇与孙辈同乐(2008年)

曲珣夫妇参观广州黄化岗七十二烈士墓

曲珣夫妇参观联合国大厦

写在前面的话

  我的父亲曲珣是个普通人，他走了一年后，我思念他，很想写点怀念他的文字。记得2007年他曾经想编个文集，并已经开始写了。但过了几天他又告诉我不弄了，因为老朋友在世的不多了。但当我查找他写的文稿时，在他新换的电脑中却找不到这个文件，而旧电脑早已送人。好在一番翻箱倒柜之后，在一个凌乱的抽屉里找到了他自己录入打印的几万字文稿。他还留存了一些相关书籍，这使我喜出望外。当我和我的母亲商量出版回忆录一事时，她告诉我，爸爸曾经对她说过，想把参与新中国成立前地下党活动的事和后来工作中的一些经验教训整理出来，对他个人的经历是个总结，对今后的审判工作也许有点儿用，但又怕这是在自我表扬，所以整理了一些就停了。我的母亲支持我编文集的想法，说"这是实现你爸的遗愿"。我既没有学过法律专业，又不熟悉法律工作，隔行如隔山。我不可能完成梳理他的工作经验和教训的遗愿，也不可能代替他思考，只想寻觅和了解他的人生经历，并把他已录入过的文章选编一些收入。

  我知道，许多老干部有类似我父亲这样的想法，他们在加入

政法老兵的背影

中国共产党时就把自己的生命交给了中华民族解放和复兴的事业，听从党组织的安排，不考虑个人得失。这种奉献精神难能可贵。然而，历史不仅由精英推动，更多的是普通人的作用。一个个普通人的生活构成了活的社会生活历史，反映了社会变迁的形象过程。当然，个人的回忆难免会受到个人经历和环境的限制，往往无法全面描述事态的全貌。如今科技的发展为个人表达提供了更大的平台，也为多视角了解和认识历史事件提供了可能。老一辈人丰富的阅历和深刻的思考会对后人认识历史的原貌并审视汲取经验教训、认清未来发展走向提供帮助。

我曾经多年在外地工作和学习，对父亲的工作和朋友了解不多。母亲年老体弱，往事常常回忆不起来。我按照党组织给父亲做的生平追溯，以家里的电话簿为线索，踏上了寻访他的好友和收集信息的追踪之旅，凭借老友的回忆进行梳理。在访问中，父亲的老友都极为真诚，他们共同的信念、精神和品格深深地感动了我。傅青叔叔是父亲生死与共的战友，危险的事主动干，回忆这段历史时却十分谦让。社会上崇拜金钱的浊流蔓延，做法律服务奉献余热的老法官们却说，"我们为百姓伸张正义，不为无理搅三分""我们也找过法院领导，是为了纠正错案，维护法院形象""因为我是共产党员"。这些荡气回肠的话语激励我把这些写出来，让人们知道，中国共产党中有贪官，但更有千千万万坚守信念、廉洁奉公的普通党员。父亲不是完人，也会有缺点甚至犯过错误，老友深情的诉说表扬居多，却是具体和真实的。我希望把身边普通党员的亮点集中起来，辉映出中国共产党人的正面形象。社会是发展的，老一辈人的经历和经验可能不都适合今

写在前面的话

天，但他们高尚的品格和精神却是继续攻坚克难的动力。

父亲的老友多已进入耄耋之年，体弱多病。北京团市委的马玉桂叔叔得到信息后不辞劳苦，为母亲送去了父亲参加北京团市委纪念活动的画册，并向老团干通报了信息。90岁的罗克钧伯伯主动写出回忆文章；崔锟叔叔刚出医院回家不久，就细心地帮我辨认照片中的人并写出名单，还主动出示爸爸送的条幅；邹炜伯伯和阿姨是从病床上起来接待我的，挑出了珍藏的10张父亲在苏联留学的照片；李连叔叔回忆了"文化大革命"期间的事情，又打过两次电话补充，可是近日却得到了他突然离世的不幸消息；魏有仁叔叔和黄阿姨将珍藏的新中国成立前革命斗争时期的照片用电子邮件一张张传给我，并发来了新修改的回忆文章；唐占蕴叔叔不仅查阅有关资料深情地回忆往事，还不断鼓励我，指点我传播正能量；等等。父亲的丧事从简，不想惊动年高的老友，而老友们对父亲的思念之情则让我动容。我访问的一些父亲当年的年轻同事，大多已年过花甲，谈起往事时，非常珍惜当时亲密的干群关系和真挚的友情，并且描述了在艰苦条件下的忘我学习和工作，体现了奋发向上的精神。刚卸任的慕平院长对我的写作给予鼓励。这对于在司法工作条件大大改善情况下从业的年轻法官们，无疑是个激励。

这本书由我的追忆文章、父亲的部分作品、好友的回忆文章，以及有关的照片组成。我的追忆文章其实是父亲自己和他的战友们共同完成的。这本回忆录寄托着母亲和家人，以及父亲好友对他的追思，是送给他90周岁诞辰的最好礼物。我们全家感谢曾经给予父亲关爱、支持和帮助的每一位朋友，感谢为此书奉献的所有人。

目　录

影像渐渐清晰
——父亲的足迹

党员本色 …………………………………………………（3）
为民司法 …………………………………………………（45）
多彩人生 …………………………………………………（88）
结语 ……………………………………………………（103）

鞠躬尽瘁、无私奉献的一生

鞠躬尽瘁、无私奉献的一生 …… 北京市高级人民法院政治部（109）

曲珣作品

我的地下党经历 ……………………………………… 曲　珣（115）
怀念好友维克多 ……………………………………… 曲　珣（122）
难忘的一个人
　——悼念范儒生同志 ……………………………… 曲　珣（126）
调解与判决 …………………………………………… 曲　珣（130）

政法老兵的背影

关于着重调解原则的适用 …………………………… 曲　珣（133）
从经济审判工作看横向经济联合中的
　一些法律问题 ………………………………………… 曲　珣（142）
经济审判适用《民事诉讼法》的几个问题 ………… 曲　珣（150）
幸福的感言 ……………………………………………… 曲　珣（156）

好友追忆

关于刊印《新闻资料》的回忆 ……………………… 傅　青（161）
敌后激昂号角声
　——回忆解放前夕震动北平的革命传单事件 …… 魏有仁（166）
怀念曲珣同志 ………………………………………… 慕　平（175）
好党员、好干部、好朋友
　——忆曲珣同志 ……………………………………… 唐占蕴（177）
曲院长在房山 ………………………………………… 宋　湘（179）
门头沟法院重生中的曲院长
　…………………… 尚永民　周　清　王成军　赵文哲（183）
我最尊敬的老领导 …………………………………… 张明杰（187）
发挥余热的老伙伴 …………………………………… 罗克钧（192）
为百姓主持正义 ……………………………………… 吴金良（194）
贿赂，我们不搞 ……………………………………… 曹立昆（196）
老曲在长阳 …………………………………………… 李　连（199）

后记 …………………………………………………………（202）

影像渐渐清晰
——父亲的足迹

想起我的父亲，最初的记忆是他为我照相，我抱着他刚送我的苏联洋娃娃；然后是国庆节他推着自行车，带着我和弟弟穿过一个又一个的关卡，去北京市委大楼值班，我和弟弟在楼顶平台看王府井的彩车和游行队伍；后来他送我《红岩》和《欧阳海之歌》，扉页上署名"爱你的爸爸"；那辆他冒着严寒酷暑骑着上下班的自己安了加快轴的自行车……最后是那面盖在骨灰盒上的鲜艳党旗。他走了，没有留下嘱托。他真的没给我们留下什么吗？回顾他的生平，我决心寻觅他，一页页搜寻信息，一次次按响门铃，悉心聆听他的好友的叙说，将这些珍贵的记忆碎片小心翼翼地拼接起来，父亲政法战线老战士的影像逐渐地在脑中浮现。这是与父亲同学习、同战斗、同工作的好友，还有他自己的回忆共同塑造的。

党员本色

一　生于乱世

父亲出生于 1927 年，生于城头变幻大王旗的皇城北京。这一年，国民革命军北伐，4 月第一次国共合作破裂，蒋介石政变成立南京国民政府，共产党举行八一南昌起义，蒋介石下野年底复职；次年年初进行二次北伐，6 月国民革命军进入北平，统一中国。但统一流于形式，新军阀割据，国共内战开始。自孙中山就任临时大总统后的 15 年间，北京政府摄政 43 人，其中有袁世凯篡权，溥仪复辟。1927 年上半年是国务院总理顾维钧摄行大总统职权，下半年就是张作霖的军阀统治。1928 年 6 月南京国民政府任命阎锡山为京津卫戍区司令全权接管北京，改北京为北平。

大年初二（2 月 3 日）父亲的诞生，给北京市西城的一户贫民家庭节中添喜。老来得子的爷爷期望平安富贵，给他起名曲安贵（后改名曲珣）。傅青留言："有些老同志的姓名是解放后改的，有的是到解放区参加学习或工作，为了保密需要改了姓名。"父亲何时改名我不清楚。父亲曾说过，是曾祖父带着儿时的爷爷

曲德宽，曲珣的父亲，1954年春曲珣拍摄

们从涿州来到北京。他是根独苗，是我5个爷爷和1个姑奶的唯一后嗣。我爷爷曲德宽行三。吉祥的名字并没有带来吉祥，父亲3岁时奶奶就病逝了，是姑奶奶带大的。二爷爷挣了些钱，二奶奶没留下孩子。姑奶奶生了两个孩子都夭折了，在裱糊匠姑爷去世后就回了娘家。二爷留下的店铺成了曲家全家生计的来源，3个爷爷在一起支撑。社会不稳定生意也难做，家里越来越穷了。父亲在一张卡片的"出身"一栏中填写"贫民"。他还对我说过，小时候冬天他没穿棉裤。这也许是他腿不好的原因吧！四爷爷和五爷爷没有结过婚。儿时的父亲受到几个爷爷的宠爱。我不记得我的爷爷和姑奶看过书报，但却送父亲读书。他说五爷爷常背着他去上学。爷爷和姑奶奶一直和我们一起生活。我印象爷爷瘦高，和蔼慈善，说话不多，话音不粗，从没见过他发火，常常自己干家里的活。父亲的脾气好，不爱多说，对人宽厚，好像也有爷爷的影子。1954年父亲从苏联回国后，特地给爷爷拍了照片。他很孝顺，平日工作很忙，只要晚上回来都会到爷爷屋里看望问候。我上初中时爷爷去世，高中时姑奶奶去世，是父母为两位老人送终。

二 中学入党

新中国成立前几年，北平物价飞涨经济萧条，民不聊生。

影像渐渐清晰

父亲上中学时家里在西四开着小馄饨铺。由于生意不好，供不起父亲上高中，1944年就进了北京市立高级工业学校土木工程专业（即后来的北京建工学院，北京建筑大学）学习了一年半。1945年8月15日寇投降后，他对国民党还存在幻想。由于国民党占据北京以后的贪污腐败行为，以及风起云涌的爱国民主运动的影响使他幻想破灭，投身到争取民主的运动中去。因此，他想读正式大学，1946年年初转学到北平市立三中插班念书，被分配在高二乙班。

北平市立第三中学是坐落于西城区祖家街历史悠久的中学。这里原是明末著名降清总兵祖大寿的家祠，1724年（清雍正二年）建立了清宗室右翼宗学堂，清政府覆灭后改为京师公立三中。著名文学大师曹雪芹曾在该校工作十年，并在此酝酿《红楼梦》。学校不大，校舍破旧，只有15个班。大部分学生

曲安贵名列北平市立三中乙班学生名录（魏有仁提供）

出身于小市民，家境比较贫寒。

1946年2月，中共晋察冀中央局的《对北平工作方针的意见》指出："目前城市工作重点放在北平，北平的重点放在学生与知识青年中，以求领导学生群众的经济斗争与民主运动。"3月中共中央华北局城市工作部学生工作委员会负责同志进入城内。北平市立第三中学的第一名共产党员董荣田根据当时中

共地下党组织的指示，在高二乙班组织了读书会。在班里恰好有一位父亲认识的同学傅青（原名傅大增）。①他与读书会的同学很快就熟悉了，相互交换进步书籍和刊物。父亲通过傅青很快又认识了董荣田、李国翰（后改名黎干）和魏熙佩（后改名魏自强）。他与其他读书会骨干一起，组织同学学习互助，购买和传阅《观察》等进步报刊，阅读和讨论鲁迅等进步书籍，团结和教育了一批同学，抵制了国民党在学校发展三青团，开展学生自治。1946年4月中共北平学委委派的领导三中地下工作的于英同志与父亲和傅青等4人见面谈话。父亲正式与中共地下党开始接触，从此，他参加每星期在傅青家的集会，座谈时事或学习进步书籍。他在学校出黑板报，集中稿件并负责缮写。这个黑板报在学校中小有影响，也得到了组织上的支持。但是，这一时期的活动仅限于他们这几个人，很少和外人接触。

左起魏自强、黎干、傅青、曲珣

4月21日，他与同学们一起参加了中山公园音乐厅事件。1946年年初政协会议结束后，国民党政府撕毁政协决议。在国统区大搞钦定"国大"代表的选举和所谓"公民宣誓"。为了

---

① 傅青，1929年生，1946年7月加入中国共产党，1949年做青年工作，1958年调朝阳区委，1968年调北京市水利科学研究所，1991年离休。

影像渐渐清晰

揭露国民党的真面目,中共北平地下党学生工作委员会决定联合社会各界开展反对国大代表伪选的斗争。4月初北师大校友联合会召集各界名流出席的北平国大选举问题座谈会,做出结论:不同意现行选举法,要求实行民主,直接、普遍、自由、平等的选举;反对"公民宣誓";不承认国民党政府所包办候选人,成立"北平市国大代表选举协进会",组织"北平市各界国大代表选举问题讲演会"等。讲演会组织者到国民党北平市社会局办理登记手续。4月21日下午,父亲和同学们走进中山公园音乐堂,见到舞台上挂着"北平市各界国大代表选举问题讲演会"的红色布标,中央挂着孙中山的像和国民党的"国旗",台上台下贴满了"实行普遍、平等、无记名的投票选举"等的标语。"协进会"主要负责人张豫苓等在大会主席台上就座。会场座无虚席,约3000余人。会场周围列有民警和宪兵,国民党组织暴徒混入会场。当张豫苓致开幕词讲到"我们要求民主选举"时,有人狂叫"我们不要民主",随着一串肮脏的辱骂声,石块、砖头、鸡蛋便向主席台砸来,会场顿时大乱。学生们组织起来维持会场秩序。陈瑾昆被暴行激怒,走向讲台,当他说道:"孙中山先生曾经说过,近世界各国所谓的民主制度,往往为资产阶级所专有,成为压迫平民之工具……"一阵石块砖头雨点般地向他袭来。老教授的鲜血顺着太阳穴流了下来,他身后的江绍原、福斯特等十多人都被石块打中。歹徒们手持木棒驱打台下的群众,一些青年被打得血流满面甚至晕倒在地,3名受伤青年遭特务绑架。警察和宪兵帮助行凶的歹徒。

这对许多社会上层人士和中间群众产生了巨大影响，从而极大地孤立了国民党反动派，迫使国民党政府于4月底宣布国大延期召开。音乐堂事件对刚刚参加革命的父亲是一次严酷政治斗争的历练。

1946年暑假期间，于英派父亲去华北局城工部所在地张家口学习，与一个姓马的同学一同出发。当天中午他们到南口车站乘火车，两人都没有带居民证。他说通了把卡的士兵可以通过，而老马不同意他一个人先过去，无奈返回北京。

1947年1月16日是父亲终生难忘的日子。就在这一天他光荣地加入了中国共产党，候补期是最短的3个月，后来按期转正。入党之前，原以为只要自己够条件党会吸收的，后来才明白，入党是自愿的，应该申请，赶紧写了申请书。三中党支部书记是董荣田，党员有李国翰、傅青、魏熙佩和父亲。

1947年春，借学校春游的机会，在三中党支部的组织下，父亲和同学一起参观了清华、燕大，参加了学生自治会组织的活动，举行了篮球友谊比赛。不久于英交代了发展地下党组织的重要任务。那时父亲当体育活动裁判，负责黑板报，联系低年级的同学比较多。父亲开始有意地借给低年级同学郭元熙（后改名为郭滨）《新民主主义论》等毛泽东的著作，后来又认识了何欣治（后改名为何刚），将他们的情况向于英汇报并依照指示加紧联系。一次他发现中共地下党领导李营同志住在张圆明家，便将此事向于英同志汇报。支部决定尽快发展张圆明入党。暑假，按照于英同志的指示，他组织郭滨、何欣治去晋

影像渐渐清晰

察冀中央局城工部所在地河间府参观学习。9月中旬，他介绍郭元熙加入共产党，介绍何欣治参加民主青年同盟，半个月后又与何欣治谈话介绍他入党。10月起，在于英的支持下成立了三中第二届党支部。

1947年上半年，国民党军事节节失败导致后方经济危机加剧，北平数千名大学生面临失学，大批中学生更为清苦，许多人因吃不饱饭或吃不上饭到贫民食堂讨饭，到医院卖血。七月间，在北平地下党领导下，华北学联统一部署开展助学运动，8月初成立了助学委员会。三中党支部派人去华北学联助学委员会了解运动的目的和要求。父亲和其他地下党员在同学中广泛宣传发动，8月中旬组织了三四十人在西四到新街口一带进行募捐助学活动，发放《助学快报》，劝购助学证章等募集善款。这一合法的群众性的统战经济活动受到国民党的抵制和破坏，揭露了国民党的坚持反共和摧毁教育的面目。

五六月间，父亲参加了党支部组织的到北平市教育局请愿的反会考斗争。请愿当天学校关闭了大门，义愤学生70多人冲出校门列队步行到中南海北平市教育局请愿，并取得了胜利。由于家庭贫寒，父亲只能报考公立大学，虽然成绩已经达到某电力大学录取条件，但该大学野外作业多，考虑他是独子而未录取。8月底，他接到于英创办秘密刊物的通知，9月开始参加了中共地下党油印刊物《新闻资料》的工作。

三 地下印刷

关于刊印《新闻资料》的回忆

1947年夏,是解放战争中人民解放军由防御转入进攻的关键时刻,北平的地下斗争环境十分严酷。这年秋天,中共中央正在转战陕北,对敌占区的情报需求更为迫切。建立于1946年的交道口京兆东公街24号院内的北平秘密电台,属于北平情报小组,是西安中心情报系统的一个重要分支。北平情报小组情报来源发展到国民党部队高层,多次受到中共中央表扬。1947年9月,这部秘密电台因发出密电"孙决心合作,请速派负责人员来商",导致蒋介石推迟北平之行,责令保密局局长郑介民彻查孙连仲"通共"真相,尤其是中共情报工作人员。9月24日清晨,保密局特种工作组对此采取了行动,捕获了4人,抄出了大量电报原始文稿。依照叛徒的口供保密局查获了另外两个北平秘密电台,

影像渐渐清晰

捕获了在保定绥靖公署任职的谢士炎等5位身为国民党高级将领的重要情报工作人员和22名将校级军官。9月29日，北方情报系统负责人王石坚被诱捕叛变，导致44名地下情报工作人员（大部分是共产党员）被捕入狱，牵连被捕123人。①

当时共产党在延安设立的广播电台每天用记录速度定时播发政治、军事和经济新闻。在国民党加紧对北平中共地下党迫害的情况下，为了使地下党的同志们及时了解敌我战场的变化和党中央的政策和指示的情况，中共北平地下学委会决定创办一个油印刊物《新闻资料》。1947年9月初，李营同志找到父亲和傅青，传达了组织决定，用傅青家作掩护，收听解放区广播电台的新闻，出版油印刊物，由他们二人担任收录和刻印工作。傅青家租住在小绒线胡同10号，是个小三合院，我到地下印刷的原址拍照，见到小绒线胡同深藏在长长的西四二条之中路北，而10号院在胡同北头向东的拐角处，比较适合隐蔽。之

小绒线胡同，《新闻资料》印刷所在地

---

① 参见董少东《1947年我党情报工作的一次重大损失（闪击延安后）》，刊于《北京日报》2009年11月3日。

后，李营送来了收音机、油印机、钢板等器材和誊印工具，以及用来购买纸张和油墨等的银圆。父亲是个无线电爱好者，把一小段铜线隐蔽地固定在屋檐下，拉到室内做收音机天线，经调试终于收到了延安新华广播电台的声音。但是，国民党电台电波的干扰太强，收音机质量又差，记录的新闻稿不能成章。很快组织上又送来一台灰色外壳，有9只电子管的3波段美国军用收音机。父亲调试之后收听延安新华广播电台的声音非常清晰。第一批新闻稿出手了，他们俩很郑重地交给李营同志，由他交陆元炽同志[①]编辑。之后，父亲将行书体"新闻资料"勾画在蜡纸上，下面列出了几行本期要目，作为刊物的封面。他和傅青两人分工刻蜡版，一起印刷装订，经几天努力，一本32开20多页地下刊物的首期终于诞生了。由于技术问题，第一期只印了几十份。他们一方面试用市场的各种蜡纸和油墨筛选用好的产品（如日本崛井牌），另一方面苦练刻版和印刷技术，提高了刻印质量，印数很快提高到两三百份，后来稳定在五百份的水平上。1948年春，地下党学委建立了出版刊物的党

[①] 陆元炽（1923—2005年），当代出版家，北京市人。北京出版社编审。1944年加入中国共产党。曾负责编辑地下党领导的社会政治刊物《人言周刊》。同时领导创办、编辑文艺期刊《文艺大众》。新中国成立后，历任北京市政府新闻出版处新闻发布科科长兼新闻管理科科长，《北京日报》副总编辑，华北局政策研究室编辑室副主任，中共北京市委办公厅副主任，北京出版社总编辑、社长、党组书记、顾问，北京市出版工作协会名誉主席。20世纪50年代初期曾参加创办和主持北京市属第一个出版社——公私合营大众出版社。他是该社重点书《中国文学理论史》的责任编辑之一。著有《老子浅释》《天问浅释〈附天对简释〉》《诗的哲学·哲学的诗——司空图诗论简介及〈二十四诗品〉浅释》。

影像渐渐清晰

小组,由黄甘英①任组长,陆元炽负责编辑,父亲和傅青两人继续担任收听和刻印等工作。

父亲和傅青严格遵守党的地下工作纪律,深居简出,不参加任何群众组织活动,不随便携带传递地下印刷品。傅青在每天凌晨和夜晚分别收听邯郸新华电台和延安新华广播电台各两个小时。他们千方百计地隐蔽器材,分头小批量地在几个文具店购买油墨和纸张,以免引起别人的注意和怀疑。《新闻资料》印好后每次都全部交出,没有留下一份作为纪念。父亲和傅青在转交《新闻资料》途中都遇到过警察搜查,他们勇敢机智地躲过了危险。这在他们的文章中都有生动的描述。1947年秋天,国民党军警在北大工学院附近布防。有一次父亲提着一包《新闻资料》给李营同志送去,谨慎地在书包浮面放了一本高中化学教科书。他主动将书包提到警察面前,让警察看《高中化学》,警察看也没有看就放行了。为了应付国民党反动派在大街上的突然检查,他俩在《新闻资料》封面上另加一个伪装封面,如"木刻集""唐诗三百首""处世哲学""口琴演奏法""啼笑因缘""笑林广记"等。在党组织的严格要求和周密安排下,他们严格要求自己谨慎从事,没有出过一点儿纰漏,

---

① 黄甘英,广东梅州市梅县区人,1921年生于北平。1935年参加"一二·九"学生运动,1937年加入中国共产党。1938年到冀南抗日根据地,在威县任县委宣传部长、县委妇委书记,后在垂阳县任学运部长。1943年调回北平做上层人士和知识分子的工作。1948年下半年调平山县中央妇委工作。1949年4月至"文化大革命"初期历任全国妇联科长、副部长、书记处书记。"文化大革命"中被关押在秦城监狱达8年。平反后曾任全国妇联领导小组副组长,当选为第四、第五届全国妇联副主席、党组副书记。中共十一届三中全会后,被选为中共中央纪律检查委员会委员。中共第十二届候补中央委员。

安全完成了出版任务。

地下出版工作从1947年夏到1948年初秋，出版了《新闻资料》五六十期，还出版了专辑、增刊，共七八十期。《新闻资料》页码时有增加，每周一期，加上增刊和专辑，收听刻印工作量很大，需全力以赴才能完成。按照地下党学委的具体指示，《新闻资料》的内容随形势的发展而变化，开始主要报道解放战争的捷报、党中央对形势的分析和向中国人民发出的战斗号召。1947年10月，延安新华广播电台公布了一系列重要文件，他们日夜奋战，赶印了《中国土地法大纲》《中国人民解放军宣言》《三大纪律八项注意》《中国人民解放军口号》1万多份，由地下党组织转给基层党支部。

1947年12月初，他们刻印了四版2000多份《目前形势和我们的任务》64开本单行本，红色油墨印刷。1948年三四月间，人民解放军两次攻克洛阳，公布了"约法八章"等党中央的政策，基本上适合新解放的城市。此后《新闻资料》就重点刊登有关城市政策方面的报道和通讯，同时也宣传土地政策和介绍解放区的一些情况。例如，不仅刊载了《目前形势和我们的任务》《在晋绥干部会议上的讲话》《中国土地法大纲》等重要文件，还报道解放区信息，新华社关于农业社会主义信箱、新华社报道解放区青年代表团参加布拉格第一届世界青年与学生联欢节的通讯《万岁，毛泽东》、朱总司令的组诗、贺龙同志的故事及歌曲《庆祝胜利，锣鼓喧天》等。按照地下党学委要求，一些重要文件，除在《新闻资料》上刊登外，还印刷了大量单册，如刻印刘少奇的《论党》（即刘少奇在中共七大上关于修改党章的报告）

影像渐渐清晰

作为增刊。

1948年四五月，国民党军事上节节失利，他们在政治上加紧镇压民主势力，搜捕进步分子，加强控制社会治安，一时局势甚为紧张，为了谨慎，地下党学委决定《新闻资料》停刊，党小组解散。1948年7月，地下出版《新闻资料》的工作即告结束。8月，由傅青完成《四大家族》一书的刻印，中途因傅家有不便，李营同志安排转移到方程家（北城织染局胡同，黄化门附近，地安门东大街东南段），完成了最后的任务。

地下印刷刊物和材料发到基层支部，使广大党员及时了解党的方针政策和解放区的形势，对北京的地下党工作起着重要的指导作用，受到地下党员的欢迎和基层组织的重视。基层党支部、小组和民联、民青组织，把《新闻资料》作为学习材料，有的还传到地下党的外围组织如读书会、剧社中去。有的学校据《新闻资料》登载的战报和关于形势的分析编成配有地图的定期壁报，取得了很好的宣传效果。1947年10月，基层党支部利用各种条件广为传播刊载《中国人民解放军宣言》等文件的册子，向人民群众宣传党的政策，甚至通过匿名邮寄等方式在市内散布，通过关系送到国民党军政人员、警察、特务手里，引起很大震动。地下党组织用《目前形势和我们的任务》单行本教育广大党员和人民群众，迎接即将到来的中国人民革命新高潮。《新闻资料》打破了在白区收听解放区的广播的禁锢，地下党的同志在新中国成立前后对此有很高的评价。

1948年年底，北平城内形势愈发紧张，白色恐怖到了极点，敌宪兵队身背大刀站在敌篷卡车上虎视眈眈，扬言发现任何可疑

政法老兵的背影

分子就地正法。12月31日，毛泽东发表新年贺词《将革命进行到底》，延安电台全文广播。虽然地下印刷点已经撤离，但这一重要文献必须立即印发。新年后的一天，父亲和傅青到北京大学理学院医疗预防系找到原三中毕业的学生党员魏有仁，请他帮助找一个安全的地方完成收听印制任务。魏有仁[①]是学生运动的积极分子，于1948年年初的学生运动中被国民党抓捕，因不招供敌人没抓住证据，后由校方营救才被放回来。魏有仁带他到借住的石光海美容院。该美容院位于王府井大街南口路西闹市（现新华书店对面），斜对面的东单三条内有投机银圆的黑市，人声嘈杂，南面东单操场上大批国民党守军正维修机场连夜爆破，隆隆不绝于耳。在美容院二楼上的一间房里，他们工作了近20天，不仅印了毛主席的新年贺词，还印了很多迎接解放的标语和传单，诸如，"中国共产党万岁！""中国人民解放军万岁！""热烈欢迎解放军进驻北京！"等。这十多天很忙碌、很愉快、也很平静。印完一批，有人来拉走。每天早晨醒来就印，一直工作到晚上十一二点，直到12月二十几日，组织上通知他们俩到自忠小学集中才告结束。天亮后解除宵禁，他们在全副武装的敌宪兵面前扬长而去。

---

① 魏有仁，男，1928年生于日本长崎，1947年，北平市立三中毕业，1947年燕京大学新闻系一年级，1948年3月加入中共北平地下组织，1948年9月北京大学医学院医疗预防系，1954年9月北大医学院医疗系本科毕业留校，1958年北大医院检验科医师，1980年北京医科大学泌尿外科研究所副所长、副教授，1985年北大第一医院检验科主任、主任医师、教授，1987年中日友好医院检验科主任、主任医师、教授，1994年离休。

影像渐渐清晰

地下收听站记录稿（魏有仁提供）

　　1949年年初，《将革命进行到底》小册子和传单的散发，给黎明前黑暗中的北平带来了光明。这批传单的突然出现实在出乎敌人预料，他们以为经过当年"8·19"大逮捕的打击，地下党已失去战斗力。很多同情革命的市民也觉得白区的革命活动已陷入低谷。如此白色恐怖下大批革命传单和毛泽东对时局报告印刷品的出现，对广大群众产生了极大的心理影响，对国民党统治者的冲击可想而知，等于在敌人脑后吹响了冲锋号，使他们惊慌失措。

　　《将革命进行到底》文献的开头就向全世界宣告，"中国人民将要在伟大的解放战争中获得最后的胜利。这一点，现在连我们的敌人也不怀疑了"。不到一个月，1949年1月30日，北平宣告和平解放。1月底，父亲和其他地下党同志到位于自忠小学（西城区府右街椅子胡同）的迎接解放委员会，为北平和平解放和迎接解放军进城而忙碌。2月3日解放军入城式全市组织欢迎群众和队伍。2月4日，在北平国会街（北大四院礼堂，现新华社院内）召开2000多人参加的地下党员会师大会。当大会宣布："今天地下党可以公开活动了。"全场立刻沸腾起来，大家纷纷摘下作掩护的口罩和帽子，抛向天空，欢呼雀跃。有的同志发现自己熟悉的人就是同志，惊喜地说"原来你也是啊！"这次大会上表扬了北平的学生工作，尤其是中学生的工作，在发动和组织群众工作方面做得很出色。①

父亲很少提及地下工作的事，但"文化大革命"中，华北局城工部及其领导下的地下党横遭诬陷，被打成"叛徒特务集团"，《新闻资料》也受到株连。有人说父亲和其他同志抄收、印发解放区广播记录稿是得到国民党的默许，编印《新闻资料》是为了向国民党输送情报，替国民党"下饵"。粉碎"四人帮"，特别是党的十一届三中全会后，拨乱反正，推翻了罗织的种种罪名，《新闻资料》才随着华北局城工部及北平地下党一起恢复了名誉。

1980年4月，杨伯箴（1949年前曾任华北局城工部中学工

---

① 沈毅：《难忘的峥嵘岁月》，《峥嵘岁月——北京西城老同志的回忆》，中央文献出版社2001年版。

影像渐渐清晰

作委员会书记)① 召集北平参加地下印刷的陆元炽、曲珣、傅青和方程，回忆地下收听和印刷的往事，由陆元炽写成《编印〈新闻资料〉的前前后后》一文，收录于《中国人民广播四十年》一书和刊发在《北京文史资料》上。1990 年 9 月 1 日，他又写了《我所知道的〈新闻资料〉》，说明自己对地下党中学委的情况和《新闻资料》的来龙去脉并不清楚。2006 年 5 月的一天，4 名北平地下党员在父亲家聚会，回顾 60 年前秘密印刷革命传单和文件，在对敌斗争的风口浪尖上经受严峻考验和磨炼成长。他们想起革命道路上牺牲了多少战友，感慨自己的幸运，感到无愧青春。当年的石光海美容院旧址已商厦林立，一派太平盛世的景象，但我们不能沉醉于灯红酒绿，淡忘了先辈们为之前赴后继的信念。魏有仁在聚会后写成《敌后激昂号角声——回忆解放前夕震动北平的革命传单事件》一文。2006 年后，父亲给了我《关于刊印〈新闻资料〉的回忆》一文及几篇别人的回忆文章复印件，让我提修改意见。《关于刊印〈新闻资料〉的回忆》是两人商议后由傅青起草交给爸爸修改。文章的署名有涂改，原来是并排，爸爸在前，傅青在后，爸爸将自己的名字划掉重写在傅青的

---

① 杨伯箴（1919—1989 年），贵州省镇远县人。1936 年在北平师范大学附属中学参加中国共产党，后任该校党支部书记。1937 年年底赴延安先后在抗日军政大学和马列学院学习。1939 年 9 月调中共晋察冀边区华北联合大学和中共晋察冀中央分局。1946 年 2 月至 1949 年 1 月先后任中共北平学生工作委员会委员、代理书记，中学工作委员会书记等职。北平解放后，任中国新民主主义青年团北平市筹备委员会副主任，后任书记。1952—1963 年，先后任中共北京市委宣传部副部长、教育部副部长、中共西城区委第一书记、北京师范学院党委书记兼院长。1963 年年底派赴瑞典任大使。1980 年任联合国教科文组织执行局委员，1981 年任中国联合国教科文组织全国委员会副主任，1983 年当选为联合国教科文组织执行局副主席。晚年为征集中共北京党史工作奉献余生。杨伯箴是曲珣在北平地下工作和团市委的上级领导。

政法老兵的背影

下面。爸爸的修改笔迹特别补充了傅青在收听广播时的"难熬"细节。这使我很感动，两个生死与共的战友在名誉面前向后退，显示了革命者的战斗友谊和高尚的情怀。后来我了解到此文由北京市党史办存档。因是傅青笔迹，将其收录于本书"好友追忆"部分。

关于这段历史的文物，只留下了一本64开的《目前形势和我们的任务》小册子以及傅青记录这篇文章的手稿。油印机早已报废，美国造的收音机在北京一解放时就上交了组织。画家侯一民曾访问了织染局胡同方程的住宅，创作了其代表作油画《青年地下工作者》，艺术地概括和描绘了地下印刷所及其工作的场景。

魏有仁保存这本用红色油墨印刷的小册子，经历几十年的动荡不安，包括"文化大革命"和下放西北时期，一直细心收藏完

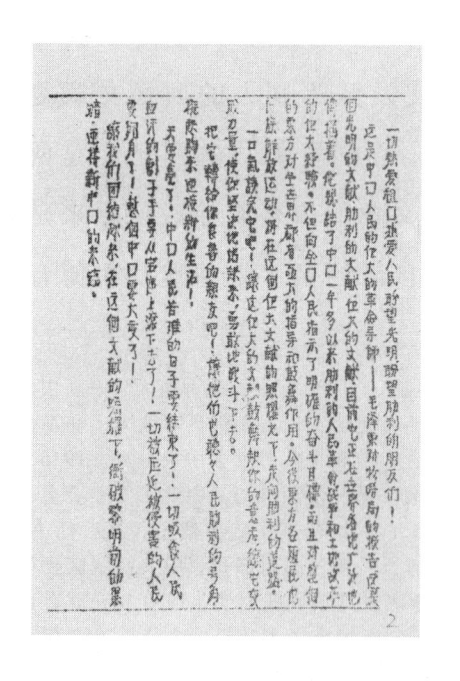

《目前形势和我们的任务》油印版（魏有仁提供）

影像渐渐清晰

好无损。2006年小聚时,他特意带去,都说这是唯一留下来的一份了,是历史的见证。翻开这本发黄的小册子,在正文的前面编者还加了一段激情洋溢的前言,现在读来仍有感染力:"一切热爱祖国,热爱人民,盼望光明,盼望胜利的朋友们!这是中国共产党毛泽东主席对时局的报告。这是光明的文献,胜利的文献,伟大的文献。""一口气读完它吧!让这伟大的文献鼓舞你的斗志,让它变成力量,勇敢地战斗下去。把它转给你善良的亲友吧!让他们也听到人民胜利的号角,挺起胸膛迎接新的生活!天要亮了!中国人民苦难的日子要结束了!""让我们团结起来,在这一文献的照耀下,冲破黎明前的黑暗,迎接新中国的来临!"小册子的背面,有魏有仁当年用繁体写下的两行字:"纪念我们地下斗争的火红的日子;纪念我们生死与共的战斗的友谊。"小册子连同几张北京学运照片一起于2009年6月捐给北京市档案馆,项目名称是《北平学运照片》[①]。

2011年,为了纪念伟大的中国共产党成立90周年,北京市委组织部、宣传部、党史研究室和北京市档案局在中华世纪坛共同主办了大型展览"一切为了人民"。6月26日,该展览在中华世纪坛开展。其中首次展出了中共北平地下党员名册,序篇"光辉历程"中展示了由169张地下党员年轻时的照片组成的照片墙。父亲的照片在第5排。6月22日《北京晚报》头版头条刊载了题为"大型展览一切为了人民准备就绪"的照片墙照片,右下

[①] 为了此书,我特地去北京档案局扫描原件,见到这个项目的原件,字迹清晰娟秀,保存完好。

角刚好是父亲的照片。展览期间,父母携女儿女婿、儿子儿媳一起参观了展览,并在照片墙前留影。

新中国成立后,地下党学委的领导杨伯箴、中学委负责北京三中地下工作的李营、《新闻资料》的印制者傅青和父亲参与北京市团市委筹备处工作。傅青参与原三青团北京青年馆的接管工作,后来到东单区工作。李营后来南下,在上海工作。

四 北京"老团干"

1949年2月,父亲就开始参与筹备建立北京市的新民主主义青年团和青年联合会的工作,是地道的北京"老团干"。父亲自述团市委期间主要工作有:(1)筹备第一次市团代会工作、市青年联合会工作;(2)石景山发电厂整团工作;(3)市"三反""五反"检查组;(4)负责全团纪律检查工作。

中国新民主主义青年团北京市第一届代表大会专刊和第二届代表大会(来自《北京志·青年组织志》)

1949年3月8日,中共北平市委根据中共中央《关于建立中国新民主主义青年团的决议》精神和广大进步青年的迫切要求,成立了中国新民主主义青年团北平市筹备委员会（简称"团市筹委"），以解放战争时期的民主青年同盟和民主青年联盟等地下进步青年团体为基础，展开了北平的建团工作，并对全市的建团工作进行了统一领导。李昌、杨伯箴分别任正、副主任，办公地点设在东长安街8号原北平青年馆。团市筹委下设秘书处、组织部、宣传部、学生部、青工部、妇女部、少年儿童部7个部门。父亲在秘书处工作（1950年2月改为办公室）。秘书处负责安排和筹备团市委综合性的会议，起草并保管团市委文件档案，协调机关各部门的工作，管理机关的行政事务及后勤工作。1949年10月21日，经团中央批准，中国新民主主义青年团北京市工作委员会成立。1950年10月15—18日，中国新民主主义青年团北京市第一届代表大会在中山公园召开，中国新民主主义青年团北京市委员会正式成立，许立群任书记。

1949年4月30日，北平市青年联合会（后改为北平市民主青年联合会）筹备委员会（简称"市青联筹委会"）在团市筹委机关召开成立大会，许立群等7人当选为筹委会常委。1951年7月15—17日，北京市民主青年联合会首届代表大会召开，北京市民主青年联合会（简称"市青联"）正式成立，选举主任张大中。出席大会的有各种职业、民族及宗教信仰的青年代表852人。中华全国民主青年联合会主席廖承志、北京市副市长吴晗到会讲话。会上提出了全市青

1952年与统战部干部刘世刚合影

年工作的4项任务：深入与普及抗美援朝运动，推行爱国公约，努力开展增产捐献运动，做好优待烈军属工作；积极参加进一步建设民主政权和镇压反革命工作；注意解决青年的特殊要求，如基本任务包括学习、文体活动、婚恋问题、私企青年的合法权益。团市委为此成立了统战部，第一任部长潘梁兼任青联秘书长。1951年，父亲是市机关团委的书记，到市公安局团支部蹲点，参加每次的团支部会议。1952年年初，潘梁工作调动，父亲接任统战部部长兼青联秘书长职务，继续完成青代会的任务。他与统战部的同事刘世刚工作配合默契，感情亲如兄弟（合影中俩人穿着供给制的服装，当时没有工资）。同年10月父亲赴苏联留学，1954年2月回国任组织部副部长，1955年中国新民主主义青年团北京市第三次代表大会被选为第三届团市委委员。1955年5月，调至中共北京市委。

父亲开展整团工作的石景山发电厂，是已有30年历史的老企业，是当时华北地区最大的发电厂，承担着北京市人民生活和工业生产的电能供应任务。但由于设备陈旧、技术落后、管理混乱，事故频繁，市民讥喻为"黑暗公司"。加强企业的政治思想工作，建立良好的生产秩序，是关系北京人民生活、生产的大事，也关系到各界对新生政权的评论。1949年，李锡铭受北京市委青委派遣，到石景山发电厂从事建团工作并兼任石景山发电厂党总支部宣传委员。父亲到石景山发电厂开展整团工作，并辅助企业进行整治工作。通过整顿，全厂建立了新的生产关系和生产秩序，改造了设备，加强了管理，事故减少，成本下降，生产得到迅速恢复和发展。1951年6月24日《人民日报》头版头条发表了《紧密地联系实际是我党的光荣传统——记中共石景山发电厂总支的思想教育工作》一文。1952年11月8日，团市委召开厂矿企业基层团组织安全工作干部会议，石景山发电厂团总支介绍了安全生产的经验。这也体现了整团工作对生产的促进作用。

"老团干"后来都成为北京市党政系统的骨干，分散到北京各系统，工作十分繁忙。"老团干"之间有着很深厚的友情，不论身居要职，还是经受了政治磨难，仍然珍惜每次的相聚。

父亲"老团干"经历，使他在为开创新中国北京青年工作做奉献的同时，形成了与青年交朋友的习惯，提高了开展群众工作的能力，并培养了对新事物的兴趣。2014年5月6日，父亲和他的青年团老同志一起，在北京青年宫（西直门）参加了北京团市委组织的"青春历史回眸——纪念北京团市委成立65周年"座谈会。北京团市委在职的年轻干部热情欢迎老团干回家，亲手为他们戴上团徽，并合影留念。会上，老团干回忆了北京共青团的建团过程和初期的工作，并对北京共青团工作寄予殷切希望。父亲的留言是"遵照习总书记的指示认真贯彻社会主义核心价值观"。会后，北京团市委编辑出版了精美的画册和光盘《青春历史回眸——纪念北京团市委成立65周年座谈会》。遗憾的是，父亲没有见到这个画册。2015年4月，团市委老同志联络组马玉桂得知父亲去世的消息，专程到家里安慰母亲，并送来了这本珍贵的画册。

五　留苏学员

1952年，中国新民主主义青年团根据苏联共青团的提议，经中共中央批准，从全国青年团组织中选拔了14名团干部，加派

政法老兵的背影

飞机旁

在宿舍楼前

在校园（邹炜提供）

在校园（邹炜提供）

与邹炜、陶大钧在校园（邹炜提供）

影像渐渐清晰

一名俄语翻译王念梅，组成原苏联中央团校中国班赴苏学习一年。父亲有幸被派去苏联中央团校学习。这个班学员在团中央接受了短期的出国培训，便踏上了去莫斯科的旅途。当在中苏边境奥得堡转乘苏联列车时，上来了一位姑娘，原来是苏联共青团中央的巡视员娃莉娅，奉命专程到此迎接中国班学员。中国同学们兴奋地围着她唱起国际歌。列车到达贝尔加湖南岸的赤塔站时，苏联共青团赤塔州委少年部部长上车同去团校学习，并用歌曲与中国学员相互交流。列车通过东西伯利亚后到达莫斯科。苏联中央团校在莫斯科郊外的威什尼亚基车站旁，院内矗立着几栋灰色大楼，门口有个小湖。中国学员的生活学习费每人每月1000卢布由苏联提供，住宿三人一间。同学们每月将节余的四五百卢布拿到中国驻苏使馆买公债，支持国内建设。

父亲在中国班学习了苏联党校的12门课程：联共（布）党史教程、哲学、政治经济学为主课，共青团与少先队、苏联历史、地理、宪法、文学、俄语、体育等为辅课。每天上午授课3节，下午和晚上自习，到晚十一二点。教师资历较深，十分敬业，如50多岁格鲁吉亚的马列主义教师、热爱中国又认真耐心的女俄语教师、挂棍上课的卫国战争荣誉复员军人宪法课老师等。学校为中国班配备了3个汉语较好的俄语翻译。教学中强调阅读原著，如《共产党宣言》《费尔巴哈论》《反杜林论》《家庭、私有制和国家的起源》等马克思、恩格斯著作和列宁、斯大林的代表著作，然后进行课堂讨论，教学完全用俄语。父亲只学过英语，和其他中国班的学员们一样都没有学过俄语，学习紧张，压力很大，考试前两周几乎人人都睡不好觉。但他们发奋图强，刻苦学习，都以优秀的成绩取得毕业证书，并打下了系统的马克思主义的理论基础，确立了革命的人生观。他还被评为优秀学生。

父亲和中国学员们参加了一系列的参观考察活动。如参观了苏联的共青团基层组织和《共青团真理报》的编辑出版过程。每个月有机会到莫斯科市区看一次歌剧、话剧或芭蕾舞剧，暑假游览莫斯科、列宁格勒、基辅、索契等地的名胜古迹和革命旧址。他们参观了斯莫尼尔宫、发出"十月革命炮声"的阿芙乐尔巡洋舰、列宁写下《国家与革命》名著的拉兹里湖畔的草棚、高尔基故居、集体农庄、当时少见的地铁等。这使父亲和同学们对苏联的社会主义建设和丰富的文化生活有了相对全面的感性认识。父亲将参观时拍的照片编了一个相册珍藏至今。

父亲深切感到苏联人民对中国人民的深厚感情。他和中国班学员一起参加了全苏列宁共青团中央第一书记谢列平·亚历山大·尼古拉耶维奇①（在其他书记陪同下）在莫斯科民族饭店的专门宴

---

① 谢列平·亚历山大·尼古拉耶维奇（Шелепин Александр Николаевич，1918年8月18日—1994年10月24日），苏联党和国务活动家。生于沃罗涅日市一个职员家庭。俄罗斯人。1934年加入共青团。1939—1940年在苏军服役，参加苏芬战争。1940年加入苏联共产党（布）。1940—1943年任共青团莫斯科市委督导员、部长、书记。1941年毕业于莫斯科车尔尼雪夫斯基历史、哲学与文学学院。1939—1940年在苏军服役，参加苏芬战争。1940年加入苏联共产党（布）。1940—1943年任共青团莫斯科市委督导员、部长、书记。1941年毕业于莫斯科车尔尼雪夫斯基历史、哲学与文学学院。1943—1952年任全苏列宁共青团中央书记。1952年11月到1958年3月任全苏列宁共青团中央第一书记。1958年4—12月任苏共中央党的机关部部长。1958年12月到1961年11月任苏联部长会议国家安全委员会主席。1961—1967年任苏共中央书记。1962年11月到1965年12月任苏联部长会议副主席，苏联部长会议与苏共中央党—国家监察委员会主席。1967年7月到1975年5月任全苏工会中央理事会主席。1975—1984年任苏联国家职业技术教育委员会副主席。1984年退休。

影像渐渐清晰

与苏联州团委少年部部长在校园（邹炜提供）

在拉兹里夫湖畔《国家与革命》诞生地列宁草棚

参观展览时与邹炜、霍振泽在一起（邹炜提供）

与邹炜在发出"十月革命炮声的"阿芙乐尔巡洋舰上（邹炜提供）

与外国同学在农场（邹炜提供）

请。该校约有10个人民民主国家的团干部培训班,每当学校组织活动,中国班总是排在首位。副校长细心询问中国学员的生活情况,特别给每人加了一条毯子。作为馆长,奥斯特洛夫斯基的夫人为中国同学详尽讲解了奥斯特洛夫斯基晚年瘫痪后怎样撰写《钢铁是怎样炼成的》一书,怎样做共青团和少先队的工作,使大家深受教育。当奥夫人知道这本书在中国发行量很大,保尔·柯察金已成为中国青年心中的英雄和学习榜样时非常高兴。父亲和同学们在保尔·柯察金夫人的邀请下在纪念簿上留言,并签上了每个人的名字。

1953年3月5日清晨起床前,宿舍广播突然说有重要文告发布。同室的邹炜[①]问父亲"发生了什么事?"同一宿舍的苏联同学急切地说:"安静!"这时广播中传来苏共中央公告:"斯大林于今日凌晨逝世了!"三人的泪水夺眶而出。10点,学校召开了全体师生员工大会,校长宣布了公告、讣告和有关消息,最后宣布:学校放两天假,由学生自行前往莫斯科市中心圆柱大厅瞻仰斯大林遗容。中国班午饭后集体前往,乘电气火车到市内,但地铁已停止运营,只能步行。走了五六个小时,接近市中心,关卡

---

① 邹炜,1925年生于河北完县(今顺平县),1938年13岁参加八路军抗日宣传队,曾就读完县游击高小、晋察冀边区民族革命中学,1940年3月加入中国共产党,任县抗日联合会青宣部副部长,青年救国会副主任、主任,开始从事抗日青年工作,参加根据地反扫荡和雁北敌占区武装斗争。1947年开始从事城市青年工作,任石家庄团市委组织部部长、归绥市团市委副书记、绥远省省团委青工部长等职。1952年参加留苏中国班学习,1954年毕业后任包头市团市委书记。1956年开始从事包头工业部门领导工作,任中共包头市委工业部副部长,市棉纺织厂长、矿务局副局长、市轻化局党委书记兼局长、内蒙古自治区交通局长等职。1980年调到北京,任国家物资总局金属回收局副局长、中国拆船总公司副总经理等职。1991年离休。1945年与小学同学石惠英结婚,共同参加敌后斗争和城市管理工作,恩爱70余载。

更严了。几排军警手挽手筑起人墙,身后是几排骑兵马队,再后面军用卡车并排堵住街道,只留一个小口子,很难通过,他们整理队伍按身高排成两排,由翻译进行交涉,说明是中国代表团瞻仰斯大林遗容,顺利地通过了道道岗卡,到达圆柱大厅。岗卡负责人还说:"中苏友谊万岁!欢迎中国代表团!"大厅中央安放着水晶棺,斯大林身着大元帅服,被党旗覆盖。父亲和同学们从灵柩和通道四周站着陪灵的马林科夫等苏共中央领导人面前通过,绕斯大林灵柩一周敬礼致哀后,从侧门退出。他们亲眼瞻仰了斯大林遗容,见证了历史重要的时刻,又一次感受到苏联人民对中国人民的友好情感。

父亲在苏联学习时,与翻译维克多·伊万诺维奇·卡列奇克夫(中文名字郭连科)成了好朋友。维克多曾经是苏联出兵东北的随军翻译,对中国习俗和饮食比较了解,对班里和同学的事有求必应。父亲是党支部文体委员,与各国学生的交往都需要维克多的帮助。随着联系增多,他们关系更加密切。父亲知道维克多曾是卫国战争中炮兵部队尉官,在潜入敌后侦查中立功获得红旗勋章。因为看到维克多作为中国班翻译组长,与已经嫁人的曾相恋的姑娘一起工作得很融洽,也很佩服他的为人。1953年秋,维克多负责中国共青团中央第三批学员的日常联络翻译兼这个班联共(布)党史课翻译,一时不能适应当时的工作,找父亲帮忙。当时父亲学习也忙,却毫不犹豫地答应了,连续工作近两个月。1954年年初,第二期中国班毕业之前,维克多邀父亲到他的宿舍,为他送行。俩人依依不舍,父亲和维克多都流了泪。父亲把一条毛裤送他留念,维克多送他

政法老兵的背影

一个精致的相机三脚架，是他在德国打仗时的战利品。中国学员回国时，在中苏边界，父亲和维克多紧紧拥抱在一起。父亲回国后他们又有一次难得的相聚。1956年，父亲已经在中共北京市委工作。维克多被派至北京工作。1959年新中国成立十周年时，维克多邀请父亲全家去他住的宾馆吃饭。维克多夫妇对父亲表示感谢。父亲当即表示，维克多也给了他许多帮助，朋友之间互相帮助是友谊的象征。同年十月革命节，父亲送了维克多一对雕漆花瓶作为回拜和留念。在《"茨卡莎"留学岁月——苏联中央团校中国班学员回忆录》[1]一书中有一张照片，是父亲与苏联翻译维克多和瓦里娅（另一位服务中国班的翻译）等在黑海海滨疗养院的合影。照片中可见，他们是那么亲密和欢快。瓦里娅对中国的深厚的友情终生不渝，经受住了中苏两国关系冷淡时期和苏联解体痛苦煎熬的严峻考验。1994年，她在女儿的陪同下终于来到了魂牵梦绕的中国，访问了北京留苏学员。11月26日，父亲参加了中国班第二期在京学员集体接待40年老朋友瓦里娅的活动，单独与她和她的女儿合影留念。

1年的留学苏联生活，使父亲打下了马列主义的理论基础，坚定了共产主义理想，与中国同学之间建立了纯真的友情。2002年4月7日，苏联中央团校校友会成立。父亲积极参加留苏同学会的活动，为《中国当代留学回国学人大典（第一卷）》《"茨卡沙"留学岁月——苏联中央团校中国班学员回忆录》撰稿。他与

---

[1] 共青团中央青运史工作指导委员会、中国青年研究中心编：《"茨卡莎"留学岁月——苏联中央团校中国班学员回忆录》，中国青年出版社2003年版。

影像渐渐清晰

留苏中国班第二期同学在承德避暑山庄、北京世界公园等地相聚甚欢。2013年10月25日，他和邹炜作为第二期学员被邀请参加苏联中央团校校友会中国班第三期学员的聚会。晚年，曲珣、陈模①、邹炜、李文义四家轮流坐庄小聚，戏称"八闲聚"。陈模是1936年参加革命的老干部，出版了30多本著作，有的特意送给了父亲。大约2003年，陈模邀请父母和我们夫妇去北京电影资料馆看电影《少年英雄》。这部电影剧本是陈模在自己的代表作革命传统纪实小说《少年英雄王二小》基础上改编的，获全国少儿电影童牛奖、儿童故事片优秀奖及团中央精神文明建设"五个一工程"奖。陈模也给父亲一些文章看，交流对时事的看法。邹炜和父亲是留苏的室友，他给我提供了许多两人的合影。父亲也留存了他的《坎坷岁月奋斗一生》等著作，其中曾谈到"八闲聚"。他们之间不仅有同学之谊，还是知音。2015年3月23日陈

---

① 陈模（1923—2015年），原名傅天漠，曾用名程模、尔东、陈震平。江苏泰州人。1936年4月参加革命工作，1938年6月加入中国共产党。1941年毕业于延安中央党校。历任上海抗日救国会临青学校学生会秘书；小先生第二分校校长；孩子剧团干事会干事、生活管理部部长；《抗战儿童》杂志主编；中共中央党校秘书处、教务处干事；彭真同志秘书；吉林省桦甸县青联筹委会主任；中共桦甸县第一、二、四区区委书记，民运工作队队长，武工队政委。1947年1月调哈尔滨，历任中共哈尔滨市委学生工作委员会、青年工作委员会书记，哈尔滨市毛泽东青年团执行委员会主任；1948年5月至1951年3月先后任青年团哈尔滨市委书记兼青干校党总支书记、干部科长、黑龙江省团委副书记。1951年3月调离哈尔滨。1953年毕业于苏联中央团校。先后任《中国青年报》副总编辑兼党委书记，《儿童文学》编辑部主任，中国青年出版社党组副书记兼中国少儿出版社社长、总编辑，中共北京市委宣传部副部长兼北京市文联党组书记、副主席，北京市作家协会党组书记。他于1957年被错划为右派。1979年平反。1936年开始发表作品，1979年加入中国作家协会。著有《记住毛主席的话》《失去祖国的孩子》《凤凰山女儿》《爱的火焰》等作品30部，400余万字。长篇小说《奇花》获全国文艺作品二等奖，报告文学《亲情》获《北京文学》优秀作品一等奖，《像榕树那样》获1986年小天使奖，《少年英雄》获国家少儿电影童牛奖、儿童故事片优秀奖及团中央"五个一工程"奖。2005年获北京市颁发的抗日战争胜利60周年纪念章。

模去世时，父亲正在住院治疗。因父亲身体很差，母亲没敢告诉他挚友的不幸消息。他也在不久后追寻好友而去。

六 党委工作

1955年5月，父亲被调到中共北京市委办公室任范儒生书记①的秘书。这大约与他在团市委组织部工作并任团市委纪律检查科科长有关。范儒生1954年5月任市委组织部部长兼市委纪律检查委员会书记，6月任中共北京市委书记处书记兼市委组织部部长，监察委员会书记。1955年6月，父亲到北京市委五人小组办公室，在五人小组甄别定案组工作，曾任干事、副组长、负责人。市委五人小组是一个肃反运动领导机构，组长由范儒生兼任，成员有副市长兼公安局长冯基平、市检察长郭步岳、市法院院长王斐然和市监察局局长王慎之。其所属办公室成员由各单位抽调而来，有几十人。1955年7月1日，中共中央发出《关于开展斗争肃清暗藏的反革命分子的指示》，全国各地先后开展了肃清一切暗藏的反革命集团的斗争。同年8

---

① 范儒生（1913—1984年），山西定襄人。1936年加入中国共产党。抗日战争时期，曾任中共定襄县委书记、晋察冀二地委分委宣传部副部长、榆寿工委书记；解放战争时期，曾任中共天津南市分委书记，热河铁路局党委书记，中共中央冀察热辽分局党校教育长、党委书记，冀察热辽建国学院副院长。新中国成立后至1961年历任中共北京市委组织部部长、书记处书记，北京市委书记，市委监察委员会书记；1961年任中共北京市委书记处书记兼中共中央华北局组织部部长，1962年任中共中央华北局组织部部长。"文化大革命"期间受迫害。1977年后历任北京市政协副主席、中共天津市委书记、天津市政协副主席，是中共八大代表，中国共产党十一届三中全会当选为中纪委委员。1984年11月20日在太原逝世。

月 25 日，中共中央又发出《关于彻底肃清暗藏反革命分子的指示》，要求在全国范围内，按照中央"七一"指示规定，进一步开展肃清一切暗藏反革命分子的运动。这一运动进行到 1957 年（扫尾工作到 1960 年），在社会镇压反革命的同时，在全市工厂企业、机关学校等单位内部开展了暗藏的反革命分子肃清运动，以保障社会主义建设和社会主义改造的顺利进行。1991 年为纪念中国共产党建党 70 周年，北京市公安局开始收集史料，写作"北京内部肃反运动"专题，向市委原五人小组及其办公室的干部了解情况，父亲和郭步岳、张锋、何钊等提供了当时的情况。这一专题成果由宋贵安编写以同题名刊载在《北京公安史料》1991 年第 2 期。

对于范儒生书记，父亲有很深的感情，认为他是自己尊敬的领导和敬佩的老师。范书记在干部工作中敢于打破论资排辈的保守观念和片面强调出身成分的观点。父亲第一次面见范书记汇报共青团组织发展工作时，谈到一部分表现较好而因出身成分不好的人入不了团。范书记说，现实表现是一个人可以决定的，出身是父母给的，建议要有计划、有步骤地在这些人中进行发展，不然青年团要脱离群众。这段话不仅推动了青年团的工作，也给父亲留下了范书记论点明确、语言中肯、平易近人的印象。父亲先后在肃反办公室的大学组和建筑组做联络工作。当时中小学已经逮捕了 260 人，预审发现有冤错现象的，必须清理。这是一项政策性很强的工作。在范书记的领导下，本着实事求是、区别对待的精神，制定了处理办法，恢复了一部分人的工作并补发工资，对被冤枉的人则给予赔礼道歉和恢

政法老兵的背影

复荣誉。但凡是要释放的都必须经五人小组审批，以争取做到不冤枉一个好人，也不放过一个坏人。范书记事必躬亲，绝不依赖秘书。经过这段五人小组的工作，父亲学会了如何处理复杂的社会问题，学会了掌握第一手资料，辩证地分析问题，结合实际运用政策，根据不同情况区别对待，灵活地掌握政策，重要工作一定要亲自动手，等等。这一切使他终生难忘。2001年，父亲深情地写下《难忘一人——悼念范儒生同志》一文。原中共北京市委组织部、纪委部分同志撰文怀念范书记，认为他实事求是、严正公明、知人善任、爱护干部、联系群众。

中共北京市委政法部是在市委组织部政府干部处的基础上组建的。1959年10月，随着肃反运动逐渐进入尾声，五人小组办公室撤销，办公室几十个人大部分人回原单位，少数骨干被并入北京市委政法部。父亲和常青、郭雪松等六七个人被安排到政法部任干事。政法部当时有十多个人，部长是刘涌①，副部长是原五人小组办的张锋，中间不设科级，其余的人都是干事。其中13级的干事四五个。如刘振藻原是市检察院的，薛光华原是南城法院院长。父亲与这些老同志一起工作受到潜移默化的影响。曾与

---

① 刘涌（1915—2015年），1915年9月出生于山西省静乐县马坊镇双村，1934年在太原上学时参加地下革命工作，1938年5月加入中国共产党。北京市委原常委、市政协原副主席，新中国首都公安事业的开创者之一。1938年10月奔赴延安，在中共中央社会部工作。1948年12月受李克农命令，率领被称为"一百单八将"的中共中央社会情报、保卫、公安人员训练班，分乘5辆缴获的国民党的美式卡车进京。参与并顺利完成了对国民党北平警察局的接管工作，为保卫开国大典、首都安全，为新中国公安事业的创建，立下了汗马功勋。新中国成立后，先后担任北京市公安局副局长、市委政法部部长、市委常委、市高级人民法院院长等职务。1979年12月至1986年5月，担任北京市第五、六届政协副主席。晚年为希望工程捐款，设立了"岑山书院刘涌助学基金"。曲珣在刘涌任北京市高级人民法院院长时从中共北京市委政法部调入该法院工作。

影像渐渐清晰

父亲同时在政法部的工作 5 年的原政法部干事李更说，父亲年纪轻、聪明能干、文字好、爱学、精干、业务强。政法部的工作有严格的纪律，相互之间不准谈论各自的工作内容。李更说："我只知道他总的经历，他的具体工作内容不清楚。见一个办公室的同事骑车外出，从来都不问你去哪儿？"母亲也说过："你爸工作的事他不说，我也不知道。"可见，他们的组织纪律性有多强。由于肃反工作没有结束，父亲还继续完成这项工作。据李更回忆，他们每天晚上 10 点以前没回过家。刘仁同志分管政法工作，抓得非常紧，下班后部长在办公室工作或开会，干事们也随时待命准备工作。政法部作为领导机构，对法院的工作进行指导和监督，对市里无期徒刑以上的案件都要审核把关。当时法院工作程序健全，案件确定判决后正常走法律程序，该报最高法院的上报，大案报政法部。那时没有不正之风，审核后案件基本没有改判等变化。父亲在市委机关工作，得到领导同志的言传身教，工作水平得到提高，工作作风更为严谨。他和同事们一样，听党的话，没有私心，严守纪律，全心工作。这个时期，父亲曾到南京、杭州出差，还去过黑龙江的兴凯湖，为劳改农场选址。

市委政法部干部魏杰、曲珣、李更在市委大楼楼顶平台

出差南京　　　　　　　　　　　出差杭州

中共北京市委重视机关干部到基层锻炼，也有与下层机关交流的传统。我家住市委宿舍大院，院里有市委机关干部，也有区县、大学的领导干部，他们被派到基层后不用退出房子；父亲到远郊区工作的十几年我们没有搬家。1962年，父亲被派往大兴县黄村公社挂职1年，接任李更的公社党委副书记职务。黄村公社是大兴县的5个大公社之一。他去时还在灾害困难年，粮食缺乏，因为公社有个大队是蔬菜基地，吃菜多吃粮少。父亲去时情况比李更在时好些。我和弟弟暑假期间曾经去那里玩儿，每天吃土豆和小米粥，我还帮助炊事员挑烂土豆。当年，父亲也因营养不良患浮肿病。他下放结束后回到政法部。

七 "文化大革命"经历

1966年5月，北京开始了"文化大革命"。北京市高级人民法院内贴满了大字报，我还去看过，没有发现父亲的名字，父亲

影像渐渐清晰

去看望过当时正在关押的原副院长吕岱。当年6月,房山开始"文化大革命"。在"打倒党内走资本主义当权派"等错误口号的引导下,过激的造反派将矛头直指各级领导干部。

房山县法院院长鲁敏生成为批斗走资派的重点对象,父亲作为陪斗。房山法院宋湘回忆:1966年6月,鲁院长和曲院长带领全院十几人,早晨骑自行车去清华、北大看大字报,夜色中骑车回房山。当时人们根本不理解运动会怎样发展。房山法院派驻三人组成的"文化大革命"工作组,组长是河北保定地区某派出所所长。在工作组主持下选出法院"文化大革命"小组。曲院长刚到房山不久,尚无人事矛盾,被选为"文化大革命"组长。工作组几乎还没有开展工作就匆匆撤走。8月选出新一轮"文化大革命"小组,被人称之为"二文革"。9月1日,"二文革"主持揪斗了走资派鲁敏生,还有一名副庭长常彬。此后一段时间曲院长仍与革命群众在一起。

1967年1月,上海掀起"一月风暴","夺权"浪潮席卷全国,搞"砸烂公、检、法"运动,法院处于极端混乱的局面。中共中央决定对公检法实行军管,法院被取缔,成为公安机关军管会下属的"审判组",由军管会行使国家审判权。1967年2月,父亲也被批斗,与鲁敏生、常彬一起进了"牛棚"。1967年5月,以房山县直属机关为首,波及全县各乡镇,分裂为两大派,派性斗争愈演愈烈,发展成几次大型武斗。

1968年,解放军在房山县执行"三支两军"任务。2月13日,经北京市革命委员会批准,房山县革命委员会成立。同月,成立公检法军管会,检法两院合并。2月19日,检法军管小组进

政法老兵的背影

驻法院。1968年9月5日，县直属机关除留少数人支持日常工作外，大部集中到岳各庄公社天开村北京市精神病二院办学习班，9月18日举行开学典礼，实行军事化管理。10月，上级指示，军管单位回原单位自行办班。11月19日检法两院撤回房山，开始清理阶级队伍，整党，斗批改。党员逐个"斗私批修"，群众通过，军代表点头才能"过关"。鲁敏生、曲珣、常彬三位"走资派"和宋湘于整党最后一天恢复组织生活。

1968年8月29日部分法院同事合影，当时父亲被审查未解放。从左到右，一排：郭光临、孟凡顺、刘跃先（军代表）、刘克诚；二排：陈淑洁、宋湘、赵振利、张永海、王书田；三排：孔庆红、杨宽、苏秉刚、常彬

1969年4月，北京市革委会通过了《关于学习和贯彻党的"九大"精神的决定》，提出狠抓落实，完成斗批改的各项任务；掀起抓革命、促生产、促战备的高潮。1969年6月24日，军代

表主持召开房山法院"干部下放农村大会",宣布斗批改结束。检法两院29人,除抽到县革委会3人,自杀1人外,留机关4人(原法院2人、检察院2人),其余21人全部下放。其中到长阳公社西营大队5人,父亲任组长;到大紫草坞公社大紫草坞大队5人,常彬任组长;到周口店公社车厂大队5人,鲁敏生任组长;到县直"五七农场"6人。至此,法院被彻底破坏。6月24日下午下放人员分乘汽车离开法院。

"文化大革命"期间房山法院干部下乡劳动。从左到右,一排:曲珣、李慧、孟凡顺、郭光临、宋湘;二排:杨宽、×××、张永海、常彬、邢志新

"文化大革命"对房山县的法制建设、社会秩序造成极大地破坏,使法院干部身心受到极大地摧残。没有了法院,没有了法律程序和依法审案。据中国政法大学法学院何兵的案卷调查,天津河东区军管会的98份判决书上,没有公诉人、辩护人姓名,而且还没有审判官的姓名。审判是独任还是合议,无人知晓。只

在判决的日期上面，加盖军管小组印章。所有的判决，抬头都先引用"最高指示"，都说"依法判处"，但没有一份援引过法律条文或政策条文。判决书判决不重事实描述，而重情绪表达，直接认定犯罪事实。如"流氓奸污幼女犯"罪名是军管会编的。案件"处理意见"是由办案人提出后经由审判组、军管组、区革委审批，最终由军管会决定如何处理。

1969年5月与年轻同事在房山城关镇凤皇亭村附近，从左到右：赵熙、刘克诚、王国华、陈淑洁、曲珣、徐德福

父亲对"文化大革命"期间挨斗的事不说，也不发牢骚，妈妈问起时只是轻描淡写地说是"陪斗"。他没有因受到不公而闹情绪，仍积极劳动。陈淑洁回忆说："下放劳动时我们在一个小

组，同吃，同劳动，几乎每天有三分之二的时间在一起，他把我们凝聚在一起，我们几乎忘记农村生活带给我们的不适应，对将来去处的焦虑等烦恼。"有个公安员净说父亲坏话，他一直忍耐着。西营村当时工作很落后，以李守仁为首的盗窃团伙是村里一霸，影响全村工作，其犯下的案件被父亲破获了。这是在公社党委书记支持下解决的。那个公社的公安员却将功劳据为己有，到处介绍经验。

当时杨庄子大队党总支书记李连刚从县里派到大队时，军宣队不公布他的派遣证明，开展工作困难重重，便到西营村找父亲了解情况。虽然他们以前没共过事，但父亲毫无保留地介绍了情况。李连据调查情况采取了落实干部政策、批无政府主义、端正经营方向三条措施。大队调整了西营村的党支部班子，使这个村的工作扭转了局面。有人问李连有什么经验，他内心想说"西靠傅明光，东边靠曲珣"（市国家安全局下放干部傅明光帮助管理大队所辖的张家场队）。后来父亲被派到公社林场当党支部书记。1970年长阳公社成立了党委，搞了企业分场，派李连和父亲一起搞企业分场。李连是书记，父亲是副书记。李连说，虽然他年纪比我大、资格老，但从不居功自傲，争权夺利，而是主动配合，认真工作。他认为父亲稳重，工作有水平，精神境界高，工作作风踏实。后来企业分场撤了，他又回林场任党支部书记兼场长。我曾利用回京探亲的时间到过林场，那里的年轻人对我说："以前领导认为林场小知识分子多，难管理。你爸来了和我们一起下棋，打篮球，跟我们打成一片。"我了解到他们和父亲很亲近。林场的工作渐渐也搞得有起色了。在《长阳四十年》一书中有这样的描述："这个地方当时作为泄洪区，一片沙滩，冬天刮西北风，所住平房墙下吹来的沙子堆起半墙高。没有商店，买东西要到长辛店。没有马路，小土路只能走自行车，雨天泥泞。"父亲就是带着我骑自行车经过羊肠小路去长辛店火车站乘车回家的。可见，农场劳动当时条件的艰苦。这个林场现在已经没有了，在原址修了两个小水库，位于长阳四大队北面，永定河堤上边。

  1973年4月，父亲正式恢复了工作，离开了长阳公社。在下放劳动期间，父亲在受到法院组织不公正对待的情况下，不计个人得失，好好劳动，还不忘自己的责任破获犯罪团伙。当有了工作机会时，密切联系群众，扎扎实实做好每项工作。李连记得，父亲恢复工作当院长后，有人说应当克扣当年说他坏话并贪其功为己有的那个干部，他一笑，说："他一个孩子，一般干部，理他干嘛！"李连说："他具有胸怀坦荡、为党为民、气度豁达、能屈能伸的风度。""我们一起工作了不到6年，但做了46年的兄弟。我们的关系是同事、朋友、战友、兄弟、铁哥们。"

为民司法

1962年，刘涌同志从中共北京市委调任北京市高级人民法院院长（直到1966年），调来市委政法部的同志。1964年年中，父亲被调到北京市高级人民法院，从党的政法系统到法律业务机构工作，直到退休。其中，1964—1965年在市中院，1965—1983年在区县法院，1983年年底始在市高院参与刑庭、经济庭工作。

一 区县法院管理

1. 房山县人民法院时期

1965年11月29日，中共房山县委决定父亲任房山县人民法院副院长。我记得，父亲临走之前对我说，到房山法院是到下面熟悉法院业务，以后会回到市里。但是，没想到不久开始了"文化大革命"，在区县法院工作19年后才回到市高院。1965年11月中旬，父亲调到房山县法院。当时，法院只有18人，他来增至19人。"文化大革命"期间，法院被彻底砸烂。父亲到任后，

政法老兵的背影

约在1966年年初，鲁敏生院长被县委抽调下乡"蹲点"①，由父亲主持院里的工作。

当时，民事审判工作的方针是"依靠群众，调查研究，就地解决，调解为主"，因此基层调解工作是法院一项很重要的任务。父亲到房山立即深入基层狠抓调解组织建设。1965年年底，他带宋湘到东南召公社（重点是务滋大队）抓调解组织的建立与发展②，指导采访、汇集整理出许多民事调解工作的信息、案例、故事，编辑成《人民调解》周刊，以点带面地指导全县工作。军管期间，一些无知的人把法院20多年的全部文书档案，包括《人民调解》周刊，装入麻袋拉到燕京造纸厂化为纸浆。

1967年2月，父亲受"文化大革命"冲击被审查，1969年6月，被下放到长阳人民公社近4年。1970年，房山县直属机关及各公社基层组织全面恢复，但法院还在军管。父亲于1973年4月调回法院，做恢复法院的筹备工作。8月1日，根据中共中央文件和北京市的部署撤销了对房山县政法系统的军事管制，恢复的法院和检察院两院一套班子。房山县委决定，李忠孝任院长，曲珣、马英任副院长③。新班子陆续召回旧部。父亲分管法院工作。

经过艰苦的多方协调，1974年1月房山县法院在册人员已达21人，其中原法院工作人员10人，从检察院、公安局调入8人，从其他部门调入3人。在恢复法院建制期间，房山县法院按照市高院《加强情况反映的通知》的要求，进行辖区情况调查，定期

---

① 县委给各机关分配改造落后村任务，各机关领导带人常年驻村帮扶。
② 宋湘当时在办公室工作，负责上报下达的公文起草工作。
③ 马英是"文化大革命"中由市法院下放房山农村的，也是这时调入法院的。

上报社会治安，重大和新型的刑、民事案件等情况；在冬季依靠党委和基层组织整顿和健全调解组织，开展调解工作；恢复审判工作。这段时间房山法院的工作恢复较快，在1974年3月市高院组织的区县人民法院院长座谈会上介绍了抓革命促工作的经验。

宋湘1975年2月正式回法院上班，那时父亲已调离房山去了门头沟区法院。父亲在房山法院真正工作的时间不长，大多数时间处于被审查和下放劳动状态。在自己受到不公正对待时，他尽量做力所能及的事情。他和法院的同事建立了深厚的友情。邢志新与他有多年的联系，还特意带着女儿到西城法院看望他。他关心当时单位唯一的女青年陈淑洁的婚恋。陈淑洁在电话里对我说："知道你爸去世的消息，自然地回忆起过去我们在一起工作的情景。很想他，他似是我的长辈，但他和我们在一起，没有因他的资历，他的职位摆架子。他又似我们的大朋友。当时法院只有我一个女生，合并后有两个女的，我生活、感情的困惑愿意和他谈，也得到他的帮助，很感谢他。"宋湘和父亲最后一次相见是1996年11月28日。张永海[①]是父亲在房山时的审判员，突发心脏病去世。父亲和马英、许汝藩[②]（原市高院副院长）三人来房山，到张永海家吊唁，并在宋湘撰写的挽联上署了名。2002年后，父亲邀请陈淑洁等到家中作客。

2. 门头沟区人民法院时期

1968年2月门头沟区人民法院被军事管制。1973年7月恢

---

① 张永海1981年升任副院长，1994年离休。
② 许汝藩（1926—2013年），原北京市高级人民法院副院长（1983—1988年），北京市正大律师事务所法人、所长。

政法老兵的背影

复门头沟区法院体制并成立刑事组、民事组、办公室。1974年4月3日，父亲被中共市委农林组批准任门头沟人民法院院长，这也是他第一次以一把手的身份主持基层法院的工作。5月20日，门头沟区委决定刘生树任副院长，成为他的工作搭档。

为了维护社会秩序，1975年4月和9月，门头沟区法院召开了公开宣判大会，对犯罪行为造成舆论压力。同时，积极处理积压的民事案件。由于1966年5月至1969年法院军管期间，没有办理一件民事案件，致使很多婚姻、斗殴、赔偿、宅基地、房屋等纠纷激化而演变成刑事案件。1970年只受理一些简单的离婚案，其他案件属附带办理。1972年受理民事案306件。1973年7月民事审判工作继续坚持"依靠群众，调查研究，着重调解，就地办案"的十六字方针和依法办案的原则，民事审判工作正常开展。在恢复法院体制不久，审判人力不足的情况下，审判和调解任务很重，但他们仍然坚持耐心调解，减轻因判决带来的人际关系伤害。

1976年4月19—20日，北京市高级人民法院在门头沟区委召开城镇民事工作会议期间，召集各区县人民法院负责人开现场会，由门头沟区法院介绍了依靠群众，开门办案的情况。最高法院民庭庭长杨化南，区委、市高级人民法院领导分别讲了话。与会者还到城子街道西坡地区进行现场参观。1977年6月8日，市高级人民法院召开全市司法战线学大庆、学大寨经验交流会，门头沟等5个区县法院介绍了经验。市政法办公组和最高法院派人出席了会议。10月28日，北京市高级人民法院召开了各级人民法院加强法制宣传和民事调解工作经验交流会，门头沟与朝阳、通县3个区县法院介绍了经验。市委政法部、最高法院、北京日

1976年在北京市司法工作会议上发言

报社派人出席了大会。同时，1978年"根据实事求是，有错必究"的原则，全面复查"文化大革命"期间判处的反革命案件和刑事案件，纠正和改判一批冤假错案，全年终结刑事案107件。

1978年3月7日，市高级人民法院召开1977年度全市司法系统先进工作者代表大会，门头沟区法院和平谷法院是全市仅有的两个先进单位，与其他先进集体、先进工作者一起出席受奖。7月21日至8月5日，中共北京市委主持召开北京市第八次人民司法工作会议。参加会议的有各区县委主管政法工作的领导同志，各级人民法院院长、公安局长、检察长等321人。这是粉碎"四人帮"后首都司法战线的一次拨乱反正的重要会议，贯彻了第八次全国人民司法工作会议精神，回顾和总结了新中国成立以来首都司法战线斗争的历史经验，研究了加强社会主义法制，搞好社会治安等问题。同年12月,父亲接受了新的任务,调离了门头沟法院,门头沟区委决定,卫定国任门头沟法院院长。

1985年前后门头沟法院工作人员于新桥大街老法院大礼堂门前合影。与曲珣有关的人有:第一排左起,赵玉华、晁秉荣、张文茂(区长)、张书明(区委书记)、卫定国(院长)、焦永祥、卢方让、陈品益;高邦立(第二排右二)、王成军(第三排右五)、王文明(第三排右七)

后来,父亲将多年审判工作中的体验提炼升华,写成文章《调解与判决》,发表在《北京司法》1984年第2期。文中首先提出:实践证明通过调节解决民事纠纷,有法院不必判决,相对省事,调节过程促使当事人互相谅解而不伤感情的好处。调解作为民事诉讼的一条基本原则,主要是因为民事诉讼是人民内部矛盾,应该尽可能用说服教育的方法解决,要使双方当事人在互相谅解的基础上达到新的团结,调解才能说是成功的。调解不是"抹稀泥",应该是在查清事实、辨明是非的基础上,对当事人进行社会主义的

影像渐渐清晰

道德、伦理、法律、政策和团结友爱的教育，要坚持原则，分清是非，使双方明确自己在纠纷中的责任，消除分歧。允许在不影响双方基本利益的情况下，采取一些折中办法，以求得纠纷的圆满解决。在民事诉讼中，调解无效，判决要慎重。判决必须做到认定事实有根有据，提出的解决办法合情、合理、合法。有个别的判决发生了二审调解、部分改判，甚至发回重审的情况。如果工作做得细，做得好，这些现象是可以避免或减少的。

1974年，卢方让（原副院长）归队到门头沟法院，回忆："曲珣院长为人友善，与兄弟法院关系相处得很好，同时上下级关系、同事关系也非常融洽。在工作上讲方法、有力度。一些复杂案件，经其承办后，处理得当，取得了良好的社会效果，如潭柘寺王坡村支部书记'文化大革命'期间被造反群众打死案、斋堂法庭反革命精神病案，处理方式得当，社会效果显著。"

2016年10月门头沟法院曾与曲珣一起工作过的同事、老友合影。左起王成军、赵文哲、周青、尚永民

政法老兵的背影

2016年10月9日下午，门头沟法院四位老同志尚永民（原门头沟法院副院长，已退休）、周清（原门头沟法院副院长，已退休）、王成军（门头沟法院退休干部）、赵文哲（门头沟法院退休干部）聚集在门头沟法院旧址怀念原院长曲珣①。他们认为，父亲在门头沟工作不足5年，一是将"文化大革命"中被破坏的门头沟法院恢复了正常工作，奠定了门头沟法院发展的基础；二是关心和爱护干警，与干警打成一片。父亲1974—1978年在门头沟法院工作。他来后刘生树被任命为副院长，后来去了司法局。门头沟法院只有刑庭、民庭和办公室。刑庭庭长是张景升，民庭庭长是晁秉荣。那时刚刚恢复公检法，工作条件很差，门头沟法院只有4个人，下去办案要借自行车，没人没钱没物，很难开展工作。他根据中央9号文件的精神，从农村、学校的干部、高中生，以及转业军人中挑选人员充实法院。他走时已有十五六个人了，配备了一辆后开门吉普。他与区卫生局协调让司机李可军师傅当教练，用卫生局的车和汽油培养法院司机。当王成军通过考试拿到驾驶证时，父亲请李师傅吃饭，并送给他一套《毛泽东选集》（四卷本）表示感谢。法院恢复工作后，存在大量的民事案件，审判人员严重缺乏。父亲根据当时的具体条件，指导民庭人员到公社居委会，集中当事人办班，对其进行法制教育和说服工作，对调节民事纠纷和社会稳定起到了一定的作用。那时区法院的干警后来都成为骨干，走上了领导岗位。当时"文化大革命"还没结束，人际关系比较复杂。他与区里各种渠道打交道，与区政府协调工作，使法院工作有了进展。

---

① 门头沟法院旧址在门头沟新桥大街60号（今门头沟区质量技术监督局）和56号。

影像渐渐清晰

父亲与同志们的关系好，爱护干部，对人和气，人也朴实。尚永民给他理了两年的发，后来调了个女同志，做炊事员兼理发员，办起了食堂，方便了干警生活。之后还让王清波（食堂管理员兼会计）在法院北边种菜，改善伙食。他很重视干警的业余生活和健康，开展了乒乓球、羽毛球等体育活动。挖防空洞，他穿着背心，和二十几岁的青年一起干。他对门头沟很有感情。在父亲的写字台上摆过一张合影，是2007年秋父亲在门头沟区法院新大楼与市高级人民法院和门头沟法院领导的合影。照片中他当年的年轻同事，后来都成为法院的领导干部。

1969年，父亲原来在市委政法部的同事李更从市委机关下放到门头沟区劳动，1年后，分配到区农机局工作。1976年粉碎"四人帮"后，开始恢复门头沟检察院。李更被任命为代检察长。当时检察院没有地方办公，区里决定借用法院的房屋。尽管区法院面对积压案件任务繁重，人手紧缺，父亲很热情地欢迎检察院进入，很快就腾出了一半房间，还配备了全套家具，支持李更和检察院的工作。这种情况持续到检察院新址建成搬迁。虽然他们两人同院办公只有1年多时间，至今提起这段相处的日子，李更还念念不忘他对检察院的照顾。

3. 西城区人民法院时期

1978年12月2日，中共北京市委决定西城区委工作由刘景平[①]

[①] 刘景平（1918—1999年），河北省武强县人。1936年参加中华民族解放先锋队，1937年加入中国共产党，在冀中地区组织游击队，曾任县大队政委，任县青救会主任。1939年入北方局经培训在社会部作情报工作，任情报站长等职务。1948年12月情报站并入北京市公安局，曾任科长。1954年始任北京市人民检察院三处处长、副检察长。1973年平反后任北京市西城区革委会副主任、中共西城区委副书记。1980年9月任区委书记。1981年1月当选为西城区人大常委会主任。1985年12月离职休养。曲珣与刘景云有较多工作联系。

牵头，派张伯英为组长的工作组到区委帮助工作。1979年3月13日，市委通知刘景平任中共西城区委书记。1978年12月，父亲被任命为西城法院党组书记。1979年9月15日，被西城区区委任命为西城人民法院院长，同月，参加了中共北京市西城区第三次代表大会。中共西城三届一次全委会选举刘景

1980年在西城法院办公室

平为区委书记。1981年1月7—12日，西城区第七届人民代表大会第一次会议召开。会议选举产生了区人民代表大会常务委员会。大会做出了西城区革命委员会更名为西城区人民政府的决定。会议选举刘景平为区人大常委会主任，封明为[①]为区长，曲珣为区法院院长，曾岫萍为区检察院检察长。1982年2月15日，区人大七届常委会九次会议决定吴佩申代理区长。同年4月6—10日，西城区第七届人民代表大会第二次会议召开。吴佩申当选

---

① 封明为（1929—2005年），浙江绍兴人。1948年加入中国共产党地下组织。1949年毕业于中法大学经济系。1949年2月起历任中共北京市西四区委宣传部干事、副部长，区委常委、组织部部长；中共北京市西城区委组织部副部长，区委常委、组织部部长。在"文化大革命"中受到残酷迫害。1972年8月恢复工作后，任中共北京市西城区体委党委书记。1977年2月起先后任北京市清查办公室主任、北京市国防工业第一办公室副主任，中共北京市西城区委副书记、革委会主任、区长，北京市市长助理、中共北京市委副秘书长，中共北京市委副秘书长兼朝阳区委书记。1984年7月起任北京市副市长，政协北京市第七届委员会党组副书记、副主席，政协北京市第八届委员会副主席。中共北京市第五、第六次代表大会代表，第五届市委委员，北京市第七、第八、第九届人民代表大会代表。

影像渐渐清晰

区长。父亲很注意尊重西城区的领导和与区里有关部门的合作。区里不仅在工作中提供人力物力支持，甚至帮他解决生活中的困难。母亲说，西城区有关部门曾找他谈话，试图让他在西城留任，当谈到年龄时，流露出遗憾。1983年12月，他被调回北京市高级人民法院，西城区人大批准王永源任西城区人民法院院长接替了他的工作。王永源告诉我，父亲到北京市高级人民法院后非常关心西城区人民法院的工作，在他担任西城区人民法院院长期间，两人经常交换有关西城区人民法院工作的意见。

　　西城区是人口稠密的首都中心城区。新中国成立后，一直是党中央、国务院和许多部委机关的所在地，父亲到西城区人民法院是受组织信任而被委以重任。他在西城区人民法院的几年，西城区正是拨乱反正，依法恢复社会秩序，开始进行经济体制改革

1979年曲珣（第二排正中）参加中共西城区第三次党代会

政法老兵的背影

1983年曲珣（第五排正中）参加西城区人大七届三次会议

和法制建设，保障经济健康快速发展的社会变革时期。这几年西城区人民法院审判工作很繁重，在全体人员的艰苦努力下，西城区法制工作取得了进展。

1980年在红塔礼堂讲诉讼法 　　　1982年在西城区人民代表大会上发言

影像渐渐清晰

从《北京市西城区志》来看，其相关记载有：（1）刑事审判工作。1978年下半年，恢复人民法院审判的制度。同年9月，按照中共十一届三中全会决议精神，复查"文化大革命"中及1976年6月后判处的各类刑事案件1042件，改判115件，占案件总数的11.3%。当年对证据不充分或认定犯罪证据不足的退回检察机关进行补充侦查。1983年，贯彻中共中央关于严厉打击严重刑事犯罪的指示开展严打斗争。鉴于案件剧增，人力不足，法庭缺乏，在区委的支持和协调下，取得驻区中共中央机关及中国人民解放军的人力支援。1983年8月1日至12月底，区人民法院共受理各类刑事案件561件，月平均收案相当于前7个月平均收案的4倍。根据"从重从快"打击的精神，对392名杀人、抢劫、强奸、爆炸、重大盗窃、流氓集团首犯等犯罪分子判处5年以上有期徒刑直至死刑，占总数的79.6%。（2）民事审判工作。民事审判类案件，主要是婚姻纠纷案件，重在教育。1980年1月，《中华人民共和国刑法》公布实施，刑法未规定妨害家庭罪。经教育不能和好的，也准予离婚。20世纪80年代，离婚原因主要是感情不和。处理时对感情确属不和的准予离婚。（3）1980年，区人民法院设立经济审判庭筹备组，1981年正式建庭。审判经济合同纠纷案件。（4）判决的执行工作。区人民法院成立之初设专人负责执行工作。20世纪80年代初，《刑事诉讼法》和《民事诉讼法》公布后，刑、民事案件剧增，案件多达500件以上。经济案件由于执行基数大，执行难度较大，执行中又时有抗拒执行者，以致较长时间执行案件的未结案压不下去，年底未结执行案均在400件左右。为解决执行案件长期积压问题，1984年年初，成立了执行庭。

根据市法院资料记载，1979年1月，市高级人民法院传达贯彻中央《关于抓紧复查纠正冤假错案认真落实党的政策问题的通知》，全市法院复查"文化大革命"中判处的反革命案件，7月按照市法院的部署复查"文化大革命"中判处的刑事案件，至1980年年中结束。1980年1月，西城区委决定蔡祥云任西城区人民法院副院长，主管刑事业务。现在他因病回忆不起具体事情，但几次说"你爸是正院长，我分管刑庭，我与你爸合作得太好了！""我俩合作得相当顺利！"他们工作配合好在访谈中得到几次认证。蔡院长还说："我最满意的事，是我在西城经手的案子没有一件错案。现在强调经办案件终身负责，直到今天没发现我所办的一件冤假错案。"他和父亲有着深厚的友谊，直到重病时父亲还给他打电话。父亲有这样政治素质和业务素质过硬的搭帮副手是他的幸运。他和同事们一起坚决执行中央的方针政策和上级法院的工作部署，突击进行平反冤假错案的工作。当时在收发室的张淑珍回忆，每天有大量来自青岛、黑龙江兴凯湖劳改农场等地要求平反的信件。据审监组的内勤王秋英回忆，要复查的案卷堆了一屋子，曲院长主持审定要平反的案件都尽量通过。

他带领同志们学习钻研新颁布的刑法、刑诉法，提高审判业务水平，保障审判质量。张明杰（当年的年轻同事，原东城区人民法院院长，已退休）认为，他是西城区人民法院建设正规化的开拓者。父亲依照《法院组织法》规定，调整西城法院的内部结构；按照新的界定要求处理上级法院和区里的党委、人大、检察院等机关的关系，协同工作。父亲与主管刑事审判的蔡祥云院长和审判员一起学习刑诉法、上级法院关于贯彻刑诉法实施的细则，并通过开模拟法庭的方式加以训练、强化，使西城法院的刑事审判工作在很短的时间内走上正轨。在实体法上，还把上级下发的案例及过去办过的案件拿来一起研究，使大家在定性、量刑上形成比较一致的共识。

他坚决贯彻法院组织法，主持法院机构调整工作。"文化大革命"刚刚结束时，派性的影响还没有彻底肃清，统一思想认识也有个过程，在用人上，总有反对意见，给他的工作造成极大的障碍。父亲从未在言谈中表露出对同事的不满和自己的委屈，从未对意见不同者进行打击报复。他认为是工作就有分歧，工作分歧是最正常的分歧。

他着手法院队伍建设，西城法院培养和启用了一批年轻的业务骨干，选人时坚持德才兼备的原则。例如，乔枋楠、张明杰、杨实等，他们都成为德才过硬的法律工作管理人才。由于"文化大革命"期间砸烂公检法机关，学校停课闹革命和政法大专院校停止招生，极度缺乏法律人才，而案件却堆积如山，任务超常繁重。此时，法院系统采取特殊的人才引进和培养措施，如将分散在各系统的原政法干部调回，从学校挑选政治条件好的青年教师，吸收知根知底的法院系统子弟，等等。但是，这些政法新兵没有专业系统的法律知识，更缺少司法实践。最高法院建立了全国法律业余大学和培训中心，在北京设立了分校。西城法院在办案人手紧张的情况下，大力支持和积极鼓励年轻人上业余大学学习，每年都有七八个人报名。父亲鼓励、动员大家参加夜（业）

政法老兵的背影

大的学习，在学习知识的同时获得相应的文凭。当时西城法院30岁左右的同志大多在各类成人学校接受再教育，他们当中多数成为业务骨干，甚至担任了院级领导。当时张明杰刚有小孩，没有报名上学。父亲要求他次年必须克服一切困难上夜大。张明杰后来走上法院的领导岗位，他认为这个学习对他的成长进步是非常关键的。当时只有初中文化的干部张淑珍，横下一条心在单位突击学习准备应考，3个月没有回房山看望1岁多的儿子，终于一次考上法律业余大学。在1984年北京西城职工大学政法系法律专业首届毕业留影中，有9名西城法院干警。张淑珍和王秋英、侯静等人坚持多年业余学习直到研究生毕业。她们兢兢业业工作，担任过庭长、处长，王秋英曾被任命为西城区政府法制办主任。父亲和法院的其他领导还注意在日常工作中传帮带，提高青年法官的办案水平。在西城法院人才政策的影响和青年人的刻苦努力下，西城法院人才辈出。

在西城区人民法院年轻人心中，他是严肃和慈爱并重的长者。他关心孩子小的审判员出差的困难，包括小孩的奶够不够吃。父亲和那时候的干部都是清廉的，从不接收下属的礼品。他们的清廉作风，在年轻人中传承。其他年轻同事回忆往事，都说父亲没有架子，平易近人。他上下班都是自己骑自行车，有时候下班了提着包去取车，路过法院小门附近，法警班的值班同志说"打扑克三缺一，您不能走"，他就陪着玩到晚上八九点才回家。当年的书记员侯静说，她是1981年从学校青年老师中抽调到法院的，平时只埋头干自己的分内工作，不关心单位的人事。她生完孩子后上班，一次因有个案卷需要签字，怕

影像渐渐清晰

1984年北京西城职工大学政法系法律专业首届毕业留影。第二排是学校领导和老师，曲珣位于左九。照片上有西城区法院9名同志：第三排，赵含光（左七）；第四排，王秋英（左一）、王亚东（左四）、王燕生（右一）；第五排，晁小森（右二）、张兵（右三）、李北江（右四）、薛经健（右六）、王明哲（右七）

领导外出来不及，抱着案卷急匆匆跑到楼梯，正好碰上上楼的父亲。她第一次这么近见到曲院长，又差点撞上，心里很害怕，就解释说"我要去签字"。父亲让开路，和气地说："你有事，你先走。"她说："我感觉他像个邻家大叔，见他就像学生见老师。"

二 刑庭督导

1964年，父亲到北京市高级人民法院后分到北京市中级人民法院刑庭三组，熟悉法院业务。1983年年底，从西城区人民法院

政法老兵的背影

回到北京市高级人民法院，先到刑庭督导组工作。1983年3月，薛光华①任北京市高级人民法院院长、党委书记。当年8月，市高院传达最高法院院长郑天翔在全国高级人民法院院长会议的讲话，检查落实严厉打击刑事犯罪，刑事审判工作十分繁重。为了严格把握审判质量，避免量刑不当，成立了市高院刑庭督导组。刑庭督导组还有老同志许汝藩、蒋克、吴金良等。他们分别带领年轻同志到各区县法院，复查严打行动中审理的案件并定案。当时的书记员杨克说，年轻人都很尊重这些老同志。有的人回忆，父亲遇到有的单位审理的案件有出入的较多，他就费心思，采取妥善的方式处理，既坚持法律原则又照顾到经办人的情绪，体现了他处理复杂工作的能力。

唐占蕴（原市高级人民法院副院长）和父亲认识了50多年，在一起工作不过两年（1964—1965年和1983—1984年）。他对父亲的印象有三点：一是有党性守纪律的人，虽经过几起几落，但没有牢骚，让去哪儿就去哪儿，不讲价钱，党性强，是位好党员。二是聪明好学，有工作经验、社会经验，知识比较丰富，有全局观、能力很强的好干部。三是能耐心帮助青年人解决难题，促进其成长的好兄长，好朋友。

原北京市高级人民法院院长慕平在信中说：曲珣同志是新中国成立前参加革命的老党员，也是老法院。我们直接接触是他从

---

① 薛光华（1918—1994年），河北鹿泉人。1933年加入中国共产党。1940年始历任建屏县区长、司法科科长兼教育科科长等。解放战争期间任张家口市监狱代典狱长，察哈尔高等法院推事，晋察冀5专区法院主任、推事。1950年历任北京市第三区、外城区、前门区人民法院院长和北京市中级人民法院院长。1983年3月任北京市高级人民法院院长、党委书记。1986年8月到1992年年底任中共北京市顾问委员会常委。

西城法院调回高院，在高刑督导组工作这段时间。我对他印象最深的有两点：一是敬业。不论大事小事也不论难事易事，只要工作需要，他都一点不马虎地去做，体现了一个老党员对党的事业忠诚负责。二是亲和。老曲资历老，又当过院长，但没有一点儿架子。他很善于做思想工作，单位的同志在工作或生活中遇到难题都愿找他聊。他乐观大度，善解人意，所以很有人缘。我们这些曾经一起工作过的同志都很怀念他。

原刑庭年轻的助理审判员李新生后来走上了区法院、市中院和北京市检察院的领导岗位，他称父亲是"受尊敬的老人"。他说："我在工作和生活中遇到什么问题都愿意和你爸谈，常常从他那儿得到帮助。"还说："曲老的能力、经历和智慧以及接人待物的真诚，是我1985年就在心中建立的人生楷模！"

三 经济审判

1984年6月27日，父亲被任命为北京市高级人民法院经济庭庭长、审判委员会委员。从此，他将自己的心血倾注在经济审判的新事业中，直至晚年仍乐此不疲。1986年8月，由刘云峰[①]接任薛光华任北京市高级人民法院院长、党委书记。1987年1月

[①] 刘云峰，1926年出生，直隶（今河北）遵化人。1942年加入中国共产党。曾任遵化县公安局股长、科长，1949年1月后随解放军进入天津市，任天津塘沽区人民法院院长，天津铁路运输法院院长，北京铁路运输法院院长，北京市中级人民法院庭长、副院长，北京市外贸局副局长，北京市工商行政管理局副局长，北京市中级人民法院院长，北京市高级人民法院院长。中共十三大代表。1993年离休。2007年12月26日，被最高人民法院授予首届"功勋天平奖章"。

24日，在父亲60周岁之际，市人大批准他任审判员（副局级），从经济庭庭长的位置上退下来。1988年6月，经北京市高级人民法院党组批准离休。但他退而不休，不仅忙于法律咨询和依法辩护、仲裁等实务，还继续进行经济审判研究。

北京市法院原来没有经济审判机构，直至1979年6月12日，根据党的十一届三中全会关于把工作着重点转移到社会主义现代化建设上来的决策和加强社会主义法制的需要，经市委和市革委会批准，市高、中级人民法院分别设立经济审判庭。经济庭的任务是按照国家法律、法令的规定，调整生产和流通领域的经济纠纷和涉外经济纠纷，保护国家、集体和公民的合法权益。北京市高级人民法院经济庭由赵元信负责筹备成立。据在当时在经济庭工作的张鲁民回忆，赵元信是个让人尊敬的老同志，一天上班时突发心梗，送到医院抢救无效，牺牲在岗位上。顾年接替了他的筹备工作，1980年12月，被任命为经济庭庭长。

1982年4月14日，市高院发通知要求全市各级法院组织干部学习《中共中央、国务院关于打击经济领域中严重犯罪活动的决定》。市高院明确了打击经济犯罪由经济庭负责，随后各级法院加强了审理经济犯罪案件的第一线力量。1982年4月，全市已有17个区县人民法院建立了经济审判庭，其余两个也在筹办，全市经济审判人员已达94人。1983年10月，顾年同志退休。顾年庭长带领同志们组建北京市经济庭系统和初创阶段的各行业需求调研，并开始接收经济案件。在市高级人民法院领导的指导下，父亲带领同志们继续扩大经济审判规模，提高审判质量，提高审判队伍的业务素质。

影像渐渐清晰

1984年父亲到任时,虽然有了比较完整的经济审判机构和队伍,但经济案件诉讼意识和对审判工作的重视不足,经济案件少,经济法律法规极不完善,经济审判工作处于艰难的初创阶段。他在任期内,带领经济庭的同志开拓全市经济审判工作新局面,并积极参与经济法审判研究和培训教研工作。据有关资料,主要进行了以下工作。

1. 严厉打击经济犯罪

1985年2月,市高院召开全市各级法院经济审判庭庭长会议,传达中央〔1985〕1号文件和市农村工作会议精神,座谈如何开展1985年经济审判工作。父亲带领厅里的同志积极开展调查研究和培训,狠抓投机倒把、贪污受贿等经济犯罪案件的审理工作。在此基础上,11月26日,北京市严厉打击经济犯罪分子大会在北京展览馆剧场召开。中央和北京市机关的负责人出席了大会。市中级人民法院代理院长纪树翰宣布了对13案23名罪犯的犯罪事实和审判结果。他们大多是国家干部,乘改革之机,利用职务之便进行犯罪活动。这批罪犯,被分别判处1—15年有期徒刑。中共中央纪律检查委员会发了通报,认为北京市对经济罪犯的打击抓得好。

2. 贯彻全国第一次经济审判工作会议精神

1985年12月2—5日,市高级人民法院召开了经济审判工作座谈会,总结北京市经济审判工作的经验,为1986年5月召开的全国第一次经济审判工作会议做准备,这是一次重要的会议。此前,父亲带领庭里同志收集区县法院情况,起草会议文件和院长报告。会上讨论了市高级人民法院经济庭提供的《关于检查购销合同的情况和意见（讨论稿）》，院长刘云峰作了《提高办案质量，进一步搞好经济审判工作，更好地为四化建设服务》的报告，最后还做了总结，部署了冬春季法院工作。1986年9月，在市高级人民法院领导的指导下，筹备并召开了北京市第一次经济审判工作会议，贯彻全国第一次经济审判工作会议精神。

3. 广开经济案源

父亲带领庭里同志，积极贯彻全国第一次经济审判工作会议的精神，提高广大干部对审判工作的重要性和必要性的认识，克服了有些法院对经济审判工作不够重视，不愿收案、不敢办案等保守思想和畏难情绪，提出了"多办案，办好案，讲效果，出经验"的口号。要求各级法院解放思想，走出法院，宣传《经济合同法》和法院经济审判庭的任务，广开案源，并把经济审判工作摆到重要议事日程上来，定期研究。全市第一次经济审判工作会议以后，仅仅半年，案件数量大幅度增加。1984年收案达到791件，是1983年全年收案的175%。但是，有少数区县法院由于对经济审判工作仍不够重视，局面迟迟没有打开。为了推动工作，1984年12月，在燕山区法院召开了现场会。燕山区法院为了开展经济审判工作的新局面，组织了一批干部，领导带头，深入区属32个企业，宣传了《经济合同法》和经济审判庭的任务，帮助这些单位分析研究了存在的经济纠纷情况，受理和审结了一批经济合同纠纷案件。燕山区法院的经验，起到了典型引路的作用。这次现场会以后，各级法院加强了领导，充实了干部，使全市的经济审判工作初步打开局面。据北京市人民法院统计数据，1983、1985年年初审新收案件数量分别是476和2699件，占同期民事初审新收案件比重从1983

年的2.72%提高到1985年的15.7%。

4. 提高办案质量和效率，扩大办案效果

经济审判工作是一项新的工作，案情复杂，适用法律多，而且审判干部新人多，业务生疏。在解放思想，积极收案，大胆办案，案件数量大幅度增加的情况下，办案质量问题越来越突出。1985年，市高级人民法院经济庭从检查占经济纠纷案件40%的购销合同纠纷入手，抽调了中院和19个区县法院1984年审结的购销合同纠纷案件94件，以最高法院提出的"事实清楚，证据确实，是非分明，责任明确，处理恰当，程序合法，文书齐全"7条标准进行检查。综合检查结果是：办案质量好的占94件的13%；质量较好还存在一些缺点错误的占71%；事实不清，是非不明，适用法律不当等有严重问题的占16%。为了解决案件质量问题，在1985年11月召开了全市的经济审判工作座谈会。会议要求各级法院要把案件质量问题，提高到如何为经济体制改革和经济建设服务的高度来认识，强调"以事实为根据，以法律为准绳"是提高办案质量的关键。办案质量不高，主要是审判人员没有认清经济合同纠纷案件的特点，不了解适用法律的复杂性、多样性，片面理解自愿协商的原则，形成了调解"和稀泥"，不依法办案的倾向。1986年，针对案件质量存在的带有普遍性的问题，父亲组织编写和审定了四篇讲稿：《确认经济合同的效力》《违约行为的认定和处理》《着重调解原则的适用》《关于诉讼地位的几个问题》。1986年4—7月，他带领法官分别到7个区县法院进行了宣讲和培训。宣讲时紧密结合审判工作的实际，举案例，讲道理，深入浅出，很受欢迎。此后，为了贯彻执行最高人民法院《关于转发经济审判工作的调查报告和经济纠纷案件的通知》,组织力量,检查了朝阳、东城和通县3个法院1986年第一季度审结的77件案件,好的和比较好的案件占总数的80%以上,事实不清和运用法律存在严重问题的案件,不及总数的7%。

5. 组织经济法培训

鉴于经济审判干部业务能力不能适应新的经济审判工作的需要,父亲决定调动北京高校师资力量,举办高水平的经济法培训班,提高审判干部素质。自1984年9月以来,先后举办了三期经济法培训班,每期集中学习两个月,邀请政法院校的教授、讲师讲授经济法概论、经济合同法、民法诉讼法、国营工业企业法、农业经济法、涉外经济合同法以及商标、出版、劳动、税务、财会、金融等十几门课程,对干部进行系统的业务教育,提高他们的基础理论和专业知识水平。到1986年9月,全市助审员以上干部已有80%以上的人受过培训。同时,还为5个兄弟省市法院培训了经济审判干部194人。张鲁民认为,这一决策和实施,对培养经济审判干部队伍起了重要作用。

6. 推广法庭办案

为了减轻经济庭的压力,方便群众诉讼,1985年年初,在有关法庭开始试办经济合同纠纷案件,到1986年4月底,全市受理和试办经济合同纠纷案件的法庭已达到39个,占全市法庭总数的81%。1年多来,审结案件232件,受到有关单位和群众好评。1986年5月在昌平县召开了经验交流会,介绍了大兴县人民法院、昌平县人民法院和丰台区王佐法庭办理经济合同纠纷案件的经验和做法,使大家认识到,法庭受理经济纠纷案件是经济体制改革深入发展的需要，是贯彻落实"两便"原则的需要，也是全面发挥人民法庭职能作用的需要。1986年6月全市所有法庭都已受理简易经济合同纠纷案件。

7. 开展专利培训和设立专利审判合议庭

《中华人民共和国专利法》是从1985年4月开始实施的。据张鲁民回忆，此前中国法院没有开展专利方面审判的业务。最高人民法院决定组织相关业务干部培训，由最高人民法院和北京市高级人民法院承办。父亲非常重视这项工作，派了10个人参加学习和培训，在全国范围招生。后来，遵照最高人民法院的指定，设立了专利审判合议庭，并与中国专利局、工业产权研究会和北京市专利管理局密切联系，彼此沟通了情况，为审理专利纠纷案件做了各种准备。为了适应专利和涉外审判工作的需要，着眼未来专利审判业务发展，1986年8月，在北京第二外国语学院的帮助下，市高院经济庭开办了外语培训提高班，在市高中级人民法院中选择已经大专毕业并有一定外语基础的审判人员进行在职培训。张鲁民（北京市高级人民法院首任知识产权庭庭长）认为，曲庭长出于对新生事物的敏感，举办专利业务和外语知识的培训，培养了知识产权审判队伍骨干力量，是很有远见的。后来，知识产权庭和知识产权法院的建立，就是早期培训播下的种子开的花儿，结的果。

四 经济法教研

1. 开展经济审判研究

父亲带头和组织经济庭的同志对经济审判中的新问题开展专

题研究，一些文章参加了国内交流或发表。如《关于着重调节原则的适用》是1986年夏父亲在牡丹江召开的全国经济审判工作座谈会上的发言，由最高法院经济庭转发全国。

父亲所留存的有关法律的文章有5万多字。他写了简短的说明："我到法院系统后写过不少讲稿和总结，但是有些没有留下底稿，无从整理。现有的是发表过的文章和留在手头的总结等，现在把它们按时间顺序汇集起来。"文章有8篇涉及经济审判。其中，《两年来经济审判工作情况的汇报》是总结，《提高办案质量，进一步搞好经济审判工作，更好地为四化建设服务》是为北京市第二次经济审判工作会准备的院长总结发言。其余6篇是结合经济审判实际工作研究的论述。我将3篇有关会议研讨的文章选入本书刊载，余下的署名北京市高级人民法院经济庭的文章在此做摘要介绍。

《如何确认经济合同的效力》一文论述了确认经济合同效力的重要性、如何确认、应注意的问题以及无效合同的处理4个问题。（1）审理经济合同案件首要的工作是确认合同的效力，这是这类案件的固有特点。首先审查合同效力的原因有：一是经济合同纠纷案件与一般民事财产纠纷案件的性质不同。经济合同纠纷案件虽然也要解决所有制的归属问题，但是受经济合同的效力约束。二是只有审查经济合同的效力，才能依法保障当事人的合法权益。三是正确认定合同效力，才能为处理案件打下良好的基础。不认定合同效力，就会把经济合同纠纷与一般民事债务纠纷混淆，错误地认定合同效力，就不能依法保障国家利益、集体利益或公民的合法权益，造成错案。（2）根据有关法律规定，主要从合同主体资格是否合格、当事人双方意思表示是否真实且一致、内容是否合法、是否履行了法定的审批手续四个方面来审查合同是否有效。确认经济合同部分无效，又不影响其余部分的，其余部分仍然有效。（3）确认合同效力应注意的 8 个问题：联营主体资格涉及合同效力；个人合伙是否必须参加经营和劳动；持有营业执照，但没有履约能力的经营者签订的合同；如何对待企业租赁和农村承包合同中出现的破坏性、掠夺性生产引起的纠纷；显失公平的合同的认定；因重大误解而签订的合同的认定；对经济合同的转让与承包合同的转包的认定；农村社队以土地入股签订合同的认定。（4）处理无效合同应按照《经济合同法》第十六条和国务院的有关文件及工商管理等行政法规，分不同情况予以返还、赔偿、追缴或罚款。

《当事人的诉讼地位》一文依据《民事诉讼法》，结合审判实践中的问题，就如何正确认定原告和被告的诉讼地位、当事人的诉讼地位、共同诉讼问题，以及新情况下的当事人的诉讼地位进行了论述。首先，论述了原告和被告的诉讼地位。通过检查案件，发现关于确定当事人的诉讼地位原告不合格、被告不合格、第三人不当、遗漏共同诉讼人等问题，影响了经济纠纷案件的正确解决。诉讼权利是由实体权利决定的，要以经济合同为根据。没有经济法律关系的当事人，是不能建立诉讼关系的。原告仅仅"与本案有直接利害关系"是不够的，还必须与被告之间具有经济法律关系。同样，被告与原告之间不存在经济法律关系，也就不能成为被告。其次，论述诉讼中第三人。诉讼中存在第三人遗漏和确认不当的问题。第三人必须是由于本诉的审理结果，使自己的利益受到侵犯或者是有法律上的利害关系，不能是本诉的原告和被告。错误地认定第三人多数是把本诉的原告和被告列为第三人，或把担保人等与原、被告具有同一诉讼地位的人列为第三人。遗漏第三人主要是因为对追加第三人的目的（即为了简化诉讼程序，便于明确责任，彻底解决纠纷；为了有效地保护当事人的合法权利）认识不清。最后，共同诉讼问题。共同诉讼中时常遇到联营或合伙人为一方或双方当事人的诉讼，如果具有共同的诉讼标的，必须合并审理，将他们列为共同原、被告，否则就会出现遗漏共同原告或共同被告的情况。文中还归纳了当事人诉讼地位的新情况，分类分型进行论述并提出了处理建议。联营经济组织的诉讼地位中有法人型联营、合伙型联营、特种型联营。党政军机关所办企业，因资不抵债发生诉讼，主办的党政军机关的诉讼的地位是：（1）企业倒闭的，民事主体资格已经丧失，可将主办单位列为被告；如果企业是在诉讼过程中倒闭的，应将主办单位变更为被告。（2）企业停业整顿，仍具有主体资格，在诉讼中，该企业仍应作为被告；可以追加主办单位为共同被告。个体工商户、农村承包经营户的诉讼地位，"两户"是以户作为经营单位，但是又不能以户作为民事主体，是"公民"的特殊民事形态。针对个人、家庭、农村承包三种经营情况提出了具体处理意见。企业内部承包的诉讼地位，对个人承包和经营集合体的诉讼主体进行分别论述。

《违约行为的认定和处理》一文，首先，论述了认定违约行为的问题：一方违约之后，另一方也不履行或不完全履行合同是否属于违约行为；对不成立的"经济合同"如何认定和处理；对于变更、解除合同的是否认定为违约行为。其次，论述了追究违约责任的问题：在双方都违约的情况下，如何追究违约责任；关于适用违约金的问题；关于定金的问题。最后，论述了工矿产品购销合同违约行为：不能交货违约行为的认定和处理；逾期交货违约行为的认定和处理；产品质量不符合规定的违约行为的认定和处理；中途退货的违约行为的认定和处理；逾期付款违约行为的认定和处理。

2. 参与经济法研讨

父亲积极参与经济法研讨活动。1986年开始，中国经济法研究会成立，随后成立了北京分会，会长由副市长韩伯平兼任，常务副会长是市法制办主任张耀宗和著名法学家、北京联合大学经济管理学院客座教授周奎正[①]。父亲曾任研究会顾问。他写作的《从经济审判工作看横向经济联合中的一些法律问题》，作为1987年6月北京市经济法研究会论文上报到中国经济法研究会。参加1989年召开的市经济法研究会，父亲的论文是《经济审判适用民事诉讼法的几个问题》[②]。张耀宗对我说："老曲退休后开办律师所，需要我的支持，我们合作很愉快。当时我还是市政府法制办公室主任。我在10多年间参与和组织北京市立法工作，

[①] 周奎正（1922—1994年），1947年12月加入中国共产党，从事北平地下党革命活动。新中国成立后曾任北京市政府科长、研究员，市政府法制委办公室副主任，市政协第一届委员。1957年被打成"右派"。1979年获得平反后，参加组建北京市司法局工作，后任北京市律师协会负责人，并在林彪、江青反革命集团案的审理中担任江腾蛟的辩护律师。1982年调任北京市政府研究室副主任，同时负责市政府法规中心的工作。1985年离休后被选为北京市经济法研究会常务副会长。他主持撰写了《中国当代经济法论纲》一书。根据这个简历看，周奎正应是北京市经济法研究会第一任常务副会长，张耀宗是周奎正的继任。

[②] 文章署名北京市经济法研究会顾问、北京市正大律师事务所副主任曲珣。

政法老兵的背影

经我手有200多个法律法规。老曲对立法工作很关心，很支持。当时法律法规很不健全，甚至是无法可依。他从事审判和律师工作，遇到很多新问题，没有参照，很着急。他常常把遇到的问题和了解的信息反馈给我。他能从我这里得到有关立法的信息，也是对我们的依托，联系很频繁。"

参与北京市经济法研讨会期间留影

《经济审判适用民事诉讼法的几个问题》一文中，提出在经济审判工作中，发现民事诉讼法（1982年10月开始试行）中有些条款不完全适用于经济合同纠纷案件，有待补充和修改。（1）《民事诉讼法》第八十一条规定了起诉的条件，第一条是"原告是与本案有直接利害关系的个人、企业事业单位、机关、团体"；经济合同纠纷案件当事人的诉讼地位，是由经济合同决定的。依据经济合同纠纷这个特点，原告与被告之间，仅仅具有直接利害关系是不够的，还必须具有由经济合同确定下来的权利义务关系。（2）在审理民事纠纷过程中，着重采取调解方法，这是我国《民事诉讼法》的基本特点之一，总则、一审程序、二审程序以及执行程序都有相应的规定。首先，《民事诉讼法》规定，调解应当在查明事实、分清是非的基础上进行。对于经济合同纠纷案件，不仅要查明当事人的诉讼请求或者争议焦点，还必须查清认定合同效力的有关事实。其次，《民事诉讼法》第一百条规定，调节必须贯彻自愿精神。在经济合同纠纷案件中，仅是当事人的意思表示是真实的还不够，还必须这种表示是合法的。当事人必须明确了解依照哪些有关的法律、法规，他们享有哪些权利和承担哪些义务以后，在此基础上双方达成的调解协议，才是自愿的。另外，在调解过程中，当事人要行使处分权，人民法院要代表国家进行监督，对于合法的处分行为，就予以承认；不合法的处分行为，就要进行干预。（3）国家干预原则应作为经济审判工作的一个基本原则。国家干预原则对于审理经济合同纠纷案件具有很强的作用力。这是经济合同纠纷与一般民事纠纷的又一个不同特点。国家干预原则的作用，一方面是国家为了保障生产领域和流通领域的活动正常进行，制定了一系列的法律、法规、政策和条例，几乎每项经济活动，甚至经济活动的每个重要环节，都要按照有关的法律、法规进行。另一方面在当事人行使处分权时，国家要进行监督。国家干预原则在经济审判工作中，是具有突出的地位和作用的，应该把它列为程序法的一个基本原则。此外，还有一些条款是需要补充修改的。例如，关于诉讼保全和先行给付的规定，审理经济合同纠纷案件运用得比较多，对于一个经济实体如何正确地使用查封、冻结手段，既能维护当事人的合法权益又不影响该经济实体的正当活动，还必须对原有条款做出防止滥用这些手段的补充规定。简易程序和第二审程序中的书面审的规定，在审理经济合同纠纷案件中，显然是不适用的。

3. 编写经济法辅助教材

父亲曾出席全国法院干部业余法律大学《经济法》教学研讨会。他还参与了《经济法教学案例选编（初选本）》（上册、下册）的案例筛选和编写，并为这两本书统稿。这两本书署名全国法院干部业余法律大学经济法教研组，作者还有牛百谦、许兵、贺庆、赵彬，分别于1987年12月和1988年6月由人民法院出版社出版，印数各8000册。他在该书《说明》中写道："为了配合中国经济法课程的教学，帮助学员理解《中国经济法讲义》，增强运用经济法理论分析和解决实际问题，我们选编了这本《经济法教学案例选编（初选本）》。由于我国的经济审判工作承担着直接为经济建设服务的繁重任务，由经济审判庭受理的经济纠纷案件的种类逐年增多，审判实践中有许多新情况、新问题有待研究和解决，且经济法理论体系尚在不断完善之中，因此，选编经济法教学案例对我们来说，是一种尝试。"这两本书受到师生和审判干部的欢迎，后由人民法院出版社组织再版。在原书基础上，由沈关生统稿的补充修订的《中国经济法教学案例选编》，由人民法院出版社于1990年出版，印数55000册。署名全国法院干部业余法律大学经济法教研组，作者在初选本原班人马中加入沈关生。沈关生曾是最高法院局级审判员、中国高级法官培训中心教授，是曾参加过沈阳特别军事法庭对日战犯的审判的著名法官。他对该书的修订"是在保持原《经济法教学案例选编（初选本）》体例的前提下，总结几年来的教学实践经验，吸收了各地教师和学员的建议，增加和补充了一些案例，删去了个别不当的案例，对部分案例的'简析'部分作了改写和修正"[1]，进一步提高了案例选编的质量。从印数来看，这本辅助教材适应了经济法教学和经济审判工作的急需。另外，全国法院干部业余法律大学建立于1985年，但专职教师少，由法院领导和有经验的审判员组成兼任教师队伍弥补师资的欠缺。这个教研组的教师主要由在职审判员兼职。早在1980年父亲就在西城红塔礼堂讲课进行法律培训，在市高院经济庭工作期间带过法律专业实习研究生，后来参与经济法教研工作。

五 法律服务

父亲退休后积极发挥余热，用丰富的法律知识服务社会，积极化解社会矛盾，在担任特邀律师期间，他以事实为根据，以法律为准绳，积极捍卫法律尊严，使正义得以伸张。

1. 参与筹办法律服务机构

父亲与同事筹办法律服务部，组织老法官发挥余热。20世纪80年代，改革开放，百废待兴，律师业刚刚恢复，北京只有200

---

[1] 引自全国法院干部业余法律大学经济法教研组编《中国经济法教学案例选编》"说明"，人民法院出版社1990年版。

政法老兵的背影

个律师编名额，社会极度缺乏人才，无法适应社会急速发展的经济法律需求。父亲在退休前的 1987 年，依照市高院领导组织法院离退休的区、县院长和庭长等老法官发挥余热的意图，开始参与筹建北京市法律服务部。当北京市法律服务部成立后，为便于法律服务工作，他主动提出离休申请，经市高院党组批准于 1988 年 6 月（61 岁）离休。

1987 年，许汝藩（时任市高级人民法院副院长）、曲珣、罗克钧（时任崇文区人民法院院长）、蒋克（时任市法律业余学校校长），都面临退居二线和离休，商议如何发挥余热，为社会提供法律服务，遂聚集离退休的老审判人员 20 多位筹备法律服务机构，报请市司法局批准，1988 年正式成立北京市法律服务部，主任许汝藩（法人代表），曲珣和罗克钧、蒋克是副主任。北京市法律服务部是事业法人单位，配置有会计和行政人员，实行独立核算，自收自支。地址在崇文区幸福大街崇文区法院门口的平房内。原崇文区法院在老院长罗克钧的努力下批准在院门口的空地新修建几间房子。房子建好后出租给法律服务部。1989 年，曹立昆退休后正式接手了该中心的会计工作。1993 年左右，北京政法干部管理学院的正大律师事务所由专业律师组成，在东郊办公，要求与北京市法律服务部合作。合作后改成正大律师事务所，按司法局要求由专职律师黄佩英任主任。特邀律师业务是所里的主要业务。所里的管理主要由原来法院的老同志负责。市法律服务部的特邀律师来自全市的法院离退休人员，如高院，崇文（罗克钧、李成元）、东城（高玉生）、通县（王德芳）、西城（王建青、王立斌）、海淀

（李廉）、宣武（何乃馨）等的离退休人员，共几十人。下挂东城和通州法律服务部，自负盈亏。2000年北京市司法局搞律师事务所合伙制，原来的特邀律师骨干撤到早有的工商联法律事务部，进行了资产核查，给所里留下了固定资产。

父亲促成正大律师事务所与市工商联合作，成立市工商联法律服务部。据北京市工商联提供材料，1993年1月，为了适应社会主义市场经济的发展和需要，市工商联发文设立法律事务部。规定法律事务部是市工商联所属的一个工作单位，具有事业法人资格。其行政管理由市工商联和正大律师事务所共同负责领导。1993年2月17日，法律事务部正式成立，任命工商联常务副主席孙孚凌[①]兼主任，曲珣和罗克钧为副主任，主持日常工作，决定重大事项。聘请薛光华、张耀宗、周奎正三位同志为市工商联特邀高级法律顾问，指导法律事务部的工作。工作人员有许汝藩、曹奇辰、赵玉荣、李存源、王丽云、李廉、王建清，以长期从事法制和公安工作、具有丰富实践经验的离退休干部为主。曹立昆说："北京市工商联法律事务部即北京正大律师事务所经济法律部，位于虎坊桥前孙公园胡同56号，有三四间房屋，挂了

[①] 孙孚凌（1921—），浙江绍兴人，民建成员，成都华西大学经济系毕业。1945—1948年历任重庆天府煤矿营运处办事员，行政院善后救济总署冀热平津分署办事员、科员、专员。1958年任淮南煤矿矿路公司下关煤厂科员，北京福兴面粉厂经理、厂长。1958年历任北京市服务事业管理局局长、市对外贸易局副局长，北京市工商业联合会主委，民建北京市副主委。1983—1993年任北京市副市长，中华全国工商业联合会副主席、常务副主席，北京市第六届、第七届、第八届政协副主席，第九届北京市工商联主委，全国工商联第七届执委会名誉副主席。1996年1月起任中华全国工商业联合会烘焙业公会名誉会长。1997年任北京市工商联第十届名誉会长。1997年11月当选为全国工商联合会第八届名誉副主席。1998年3月当选为第九届全国政协副主席，是第二至五届全国政协委员，第六届、第七届全国政协常委，第八届、第九届全国政协副主席。

政法老兵的背影

两块牌子。这是个三套院，宣武区工商联在南北两个院，中间院两间北房，腰房是法律事务部的。你爸是副主任，日常管理主要靠他。"曾同址办公的宣武区工商联的干部王铁军也说经常见到老曲在办公室，与他很熟悉，常在一起聊天。据市工商资料，截至1997年年底，法律事务部接待法律咨询人员1321人，为会员和非公有制企业办理经济、刑事、民事、行政案件402件，挽回经济损失3648万元。市工商联参与北京仲裁委的组建工作，推荐1名副主任和17名仲裁员，共为企业调节、仲裁经济纠纷案24件，涉及金额4450万元。

父亲还参与了北京天安律师事务所的工作。据王丽云回忆，天安所是吴金良主持，曲珣帮助筹备的，天安所的顾问张耀宗是市政府法制办的主任，老吴一去就主持这个所。两个所父亲都出了力。据原丰台法院院长吴金良回忆，天安所大约于1994年创办，是由张耀宗和许汝藩、曲珣、天安门管理处的人一起筹办的，属于集体所有制，用的是天安门管理处的房子。

父亲所参与筹建的这三个法律服务机构虽然都是有偿服务，但都严格按有关部门管理规定收费，收费标准低于社会价格，有时免费服务。罗克钧说，他们创立法律服务部的初衷是利用法律事务的一技之长，发挥余热，为群众提供法律服务，所以收费很低，有些根本不收费。除了房租和办公费用所剩无几，不为创收，无人计较收入。曹立昆说："工商联法律事务部是合伙之前建立的，合伙制后干的时间不长。当时社会上流传'大檐帽两头翘，吃了原告吃被告'。社会上一些律师除了代理费还向委托人要车马费、活动费等，有贿赂法官的现象。一般的刑事案件在一些专业律师所收1

万元的，公开收 1000 元，个人收 9000 元，实际开的发票与收的钱不符。我们不能搞这个，如有些离婚析产的只收几百元，多的千八百元；经济经营性的案件，按司法局规定标准收费。有些案子委托人提出不合理要求，要送钱打通关节，这种的案子我们不办。逐渐的业务萎缩了，约 2002 年，就散了。"工商联法律事务部依据文件规定提供有偿法律服务，依照司法部、财政部、国家物价局司发〔1990〕043 号文件《关于律师业务收费管理办法及收费标准》的通知收取费用。法律事务部实行自收自支、自负盈亏的办法。其办公处所、办公设施、通信设备和交通工具，在筹备和工作初期由市工商联按照相适应的条件提供，并提供开办费和一部分办公费用。宣武工商联王铁军观察，法律部的影响很大，全国各地的工商界人员慕名来此求助，是市工商联的主要业务。王铁军认为，工商联法律事务部不为收钱，不能是律师事务所财务来源的主渠道。吴金良说到天安所，说："十来年，我们按有关规定标准合理收费，我们老同志办事认真负责，依法维护老百姓的合法权益，不大包大揽，不许愿保证能赢。社会风气不正，有人打官司花钱走关系，见不到法官，就让律师送礼。我们接案子，要看有没有理，没理的解释清楚不接，主持正义嘛。有时老板让我们行贿，我们不干，人家说，你们老同志不会利用你们的优势。"张耀宗说："我们合作开办律师事务所，与你爸联系也多。办所虽说能拿点儿钱，但我们有良心，为冤屈者打抱不平，绝不为无理者搅三分。"

2. 主管所里法律服务业务

父亲作为副主任，主要负责法律业务工作。律师王丽云说：

政法老兵的背影

"1990年退休后我去正大律师事务所做律师，直到2000年。老许、老曲、老罗、老蒋四人主持律师事务所，看得出蒋和罗不常去，老曲与老许商量事务所的事。老曲出现在所的一切活动中，顶层设计，介绍一些案子，参加代理案子，给新手以帮助和提高业务。开始我以法官的口气说话。老曲不断地讲，态度要转变。他只说他的观点，不说你不对。他说要讲代理一方有什么理由，不能指责法官，要找出人家对的地方。在年度总结中，我说，老曲对我的帮助使我受益匪浅。这奠定了我做律师、做代理人的基础，应该转变态度，维护所代理的人的利益，扬长避短。"李廉一起办案，她也有这种体会。曹立昆说，"老曲以业务为主，老许管行政。老曲业务能力很强，对案子分析头头是道，法律业务扎实，指导案子棒棒的，律师咨询时，比较服人。他做过北京市仲裁委员，没能力是不可能的。"罗克钧说，由于事务所由原院长、庭长、老法官组成，改成正大律师事务所后名气很大。"文化大革命"中律师挨过批，不敢理直气壮为当事人辩论。"文化大革命"结束前后他们4人做过法院领导，有丰富的办案经验，又经过"文化大革命"的磨炼，敢于依法为当事人服务。由于曾在法院担任领导职务，很少代理诉讼，他们出主意，帮律师修改辩护词，指出关键点。天安所主任吴金良说："我刚退下来，对律师工作不熟悉，与老许商量，让老曲帮着组织业务，办案子。老曲不常来，他主要在正大所。老张在电视台的事多，他让我们办的北京电视台的案子，是我和老曲以及其他同志共同办理。"

据律师王丽云回忆："我与他办案，记起来的有几个大的比较有影响的案子。其中，有北京某山庄与桥梁公司为绿化的事产生纠纷等。他参与代理案件,亲自下到一线,和我去四川某物资公司调查;某株式会社与华讯合作案去保定调查;王某时装厂案去四川调查。北京一啤酒厂案他参与研究。① 他脑子反应快,有自己的理解,知识面宽,主意多,大家有案子办事都找他,他都给说。"

据罗克钧回忆,特邀律师帮助市工商联解决不少重要法律问题。如对大中电器张大中的法律支持。张大中农村插队回京,夫妇二人找不到工作。他开始自制落地灯摆小摊卖,后来开了小门脸,卖电器,请正大律师做法律顾问,后来发展成大型电器商。又如赵昭亮原在一家羊毛衫厂当生产科长,1985年2月,他毅然丢下"铁饭碗",自己办北京光翌遮阳篷厂,后来负债12万元,几乎走投无路。在正大律师法律顾问的帮助下,企业也做大了,赵昭亮成为北京市光翌实业有限责任公司和高乐(中日合资)有限公司的董事长,在这行很有影响。

3. 从案例看伸张正义

吴金良说:"在天安我和你爸一起商量办案。有的案子判得不合理,人家有冤屈,我们也找过法院的老同志,那不是因私情私利,是为了主持正义,为了有错必纠,维护法院的形象。我们这些老同志就是为了老百姓主持正义,维护他们的合法权益。"

父亲经常与律师讨论疑难案件,商量对策。老法官赵玉荣1990年3月从市高级人民法院正式退休到正大律师事务所,几年来办了不少案件。留存的照片中,父亲与他的关系非常密切,常

---

① 笔者为尊重当事人有意隐去案件的全称。

与他研究案情。从他叙述经办的案件中我选取了3个简介如下。

其一，Q贪污案。Q因贪污被逮捕，已经起诉到区法院。经查阅卷宗，检察院起诉认定Q贪污价值1万多元的摄像机一台，有人证、物证。Q说这台摄像机是从包工头那里借来用于拍摄隐蔽工程作资料的，因工程还没完，摄像机一直放在单位会计那里。赵律师对包工头、会计和几个工人进行了一番深入调查，Q所说属实，综合起来分析，贪污不能成立。于是赵律师在法庭上做了Q无罪的辩护，而法官最后判Q两年徒刑。上诉到市中级人民法院后，主审法官仍然维持原判，赵律师找到了二审法庭庭长，向他详细说明了无罪辩护的意见。经调案研究，他们认为证据不足，市中院审判委员会决定此案退回一审法院重审。案件退回后一审法院迟迟不做结论，但是案件证据不足不能定罪，对取保候审的请求也不做答复。一两个月后最高法院的一位副庭长到该法院正好接手此案，认为不能定罪，上报到市高级人民法院，后来北京市政法委讨论后决定Q案定罪的证据不足退回重审，该法院才宣判Q无罪释放。要纠正一起法院错判案件是十分艰难的。赵玉荣律师在法庭辩护中揭露了办案的检察官违法乱纪的事实，其被市检察院调查，但没发现问题。Q无罪释放后，一再表示感激不尽。他认为换别的律师所，不一定会为他做这么大的努力，也一定不会只收200元代理费。

其二，W贪污案件。W是某研究院干部，因任职期间擅自将35万元公款购买了汽车在山西经营运输牟取个人利益，检察院将其逮捕，以贪污罪起诉到市中级人民法院，被判死刑缓期两年执行。上诉至市高级人民法院后，家属委托律师所的律师为其辩护。赵律师仔细查阅卷宗材料后进行询问，W却一直不承认贪污，说单位领导号召创收，W想用该单位一笔暂存经费投资，与山西战友合作经营运输，向有关领导汇报并得到同意，但运营亏损严重。在纪检单位追查中该领导证言反复。赵律师仔细分析研究其声明无效的证言笔录。证人承认W向他汇报过此事，用35万元公款搞运输创收是他同意的，却提不出推翻原来证言的任何理由，显然是因涉及了自己的利害关系。在市高级人民法院的审理中，经辩论最终法院宣告W无罪释放。其间，W的父母准备卖掉他家的房产花钱救儿子，被正大律师事务所的人阻拦了。所里看准了这是一起重大冤案，出于对他家的同情，不仅按照最低标准收费，而且近两年时间中律师所领导组织研究案件数十次，尽了最大努力。

其三，WQ偷税案。WQ是Y私营企业经理，1995年9月30日被区检察院逮捕，并以偷税149万元向区人民法院提起公诉。赵律师到法院查阅了全部卷宗并进行调查核实，开庭审理中，向法庭提出辩护意见：首先，某局应当付给Y公司的149万元并没有给付，根据税法的有关规定，纳税人的纳税义务尚未发生。其次，某局与Y公司第二个合同尚未履行完结，最后是否能够获利，该149万元能否兑现，都在不确定之中。因此，偷税事实不成立，不构成犯罪。然而一审法院不采纳律师的正确意见，还是认定偷税判处两年半徒刑。WQ一度想撤诉，在律师动员下上诉到了市第二中级人民法院。赵律师给该院领导写信，说明这是一起错案。市二中院宣判WQ无罪释放，检察院没收的4辆汽车也原物退还。

政法老兵的背影

上述案例说明，这些老特约律师的辩护是为了提高办案质量，为百姓申冤，维护国家法律尊严，而且辩护成功靠的是过硬的业务技能，不是金钱贿赂，有时还从自己所得的律师费中拿钱给曾受冤屈的当事人。正如赵玉荣所说："我们是党员，入党时有誓言，应为党为人民服务，去实践自己的誓言。"

4. 法律顾问

父亲曾受聘担任了一些大企业的法律顾问，如大型国企有北京市房地产开发经营总公司（1986年建立，天鸿集团的前身）、北京金卡网络有限公司、北京京华信托投资公司等。他与著名企业家张包铨有多年的合作。北京金卡网络有限公司是大型国有金融企业，管理北京信用卡网络信息系统，提供跨行之间信用卡业务的结算数据，办理跨行业务之间的代理授权、查询止付名单、银行业务咨询服务、设备租赁、销售等业务。1994年左右，父亲得重病住在北大医院，得到这个非合同医院的照顾，他说他曾帮这个医院打过官司。他曾很生气地对我说过，某顾问单位要给他送价值8000多元的红木家具，他坚决不要，结果家具被这个单位的人占用，却用他的名字签领。我知道他是不会收取不明财物的。

5. 法律仲裁

1995年9月，北京仲裁委成立了首届委员会，受理平等主体的公民、法人和其他组织之间发生的合同纠纷和其他财产权益纠纷。依法独立进行仲裁，不受行政机关、社会团体和个人的干涉，这在当时是个新业务。北京仲裁委选择公正、廉洁、有责任心，专业素质高，经验丰富，办案能力强的专家、学者，担任首

影像渐渐清晰

席或独任仲裁员。父亲被聘为仲裁员的起始时间我不清楚，但发现他留存在家的 1997 年的仲裁书，签署首席仲裁员，如果是三年一届的话，可能是 1995 年。查阅资料，1995 年北京仲裁委员会刚成立时，北京市工商联参与北京仲裁委员会的组建工作，并向其推荐 1 名副主任和 17 名仲裁员。父亲在工商联法律服务部任副主任被推荐了，是第一批仲裁员。[①] 1998 年 9 月 28 日他再一次被北京市仲裁委员会聘为仲裁员，为期 3 年。他收存的 14 份仲裁书中，2000 年有 7 份，在江苏省江都市某建设工程总公司与海淀某饭店、厦门某集团与海南某国际旅游、中益国际经济集团与北京某股份有限公司、中国人民解放军空军某工程总队与海淀区某电子新技术公司、北京丰联广场大厦与北京某服装服饰有限公司、北京某建设工程有限责任公司与北京某房地产开发股份有限公司的纠纷案中都担任了首席仲裁员。2001 年 9 月 28 日，他的聘期届满，北京仲裁委发出感谢信："感谢您为仲裁事业发展所付出的心血和汗水，衷心祝愿您身体健康，工作顺利！"

[①] 北京市工商联法律事务部只有两位副主任，另一位没有市仲裁员的工作经历。

多彩人生

一 参加老干部活动

退休以后,父亲一直积极参加市高院和市老干部局组织的离退休干部的各种活动,特别重视政治学习和党支部的活动,认真学习党的有关文件和聆听各种形势报告,时常做笔记。他在1989年的《个人总结》中写道:"共产主义理想是我终生奋斗的目标,而且我已经为之奋斗了大半生。现在我仍然认为,社会主义制度是最好的社会制度,共产主义理想是人类最崇高的理想。""有人认为共产主义渺茫,社会主义正在世界倒退。这纯属短视之见。共产主义理想是在马克思主义指导下揭示出来的未来社会发展的必然趋势。从当今社会生产水平发展到各尽所能按需分配的共产主义社会,当然要经历一个相当长的历史时期。这个历史时期虽然很长,不能由此就断定共产主义不能实现……所以,它最终一定要实现的,这一点我是坚定不移的。"2010年,在他发表于《北京老干部》刊物上的《幸福的感言》中写道,"我们这些离退休老同志能享受快乐健康、幸福的晚年生活，离不开党的关怀，离不开各级组织对老同志的关心照顾，离不开社会的科学发展，也离不开社会和家庭的和谐和睦"，指出国家富强是我们生活幸福的基础，社会和谐是我们生活幸福的保证。他写道："兴中华，振国威，人民欢庆。家和谐，心态平，怡乐晚年。"

2011年，北京市高级人民法院举行纪念建党90周年座谈会。父亲填词《满江红》表达对建党90周年的祝贺。2012年3月父亲在北京医院做了腿部手术，在医院卧床时，他听说四五月份人大会堂有个会老干部能参加，很兴奋，说："我好好练，到时候准能去。"在《幸福的感言》中列举了从单位到街道的各种事例，从心里感激组织对他的关怀和照顾。

父亲一直对党和人民忠诚，他也得到了组织的厚爱。2012年11月8日，北京市高级人民法院又为离休干部许汝藩、蒋克和曲珣及其夫人举行隆重的钻石婚庆祝仪式。市高院党组书记、院长池强为老领导及夫人赠送了钻石婚纪念光盘、纪念台历和贺礼，并为六位老同志送上了深深的祝福。院党组成员、政治部主任吴在存发表了热情洋溢的致辞，感谢三位老领导为首都法院建设做出的重要贡献，为北京法院留下了值得广大干警学习的宝贵经验和精神财富，同时代表市高院党组和全院干警向六位老人表示最热烈的祝贺。父亲在仪式上感动地说："我们结婚60周年的纪念仪式，组织上这么重视，办得这么隆重热烈，我们真的没有想到，池院长和高院党组对我们老同志那么重视，我们将永远记住这一天。"2014年国庆节，北京市高级

政法老兵的背影

人民法院党组成员、政治部主任安凤德代表组织到家里看望父亲。安主任详细询问了他的身体情况,征询他的意见和建议,转达了慕平院长和党组对他的亲切问候。2015年春节前夕,慕平院长在老干部处的陪同下到家里看望父亲,关切地询问了他在治疗和生活方面需要什么帮助。

二 朋友相聚

我心中的父亲善良宽厚,为人着想,乐于交友。我上小学时,有一天他一到家就默默地进了他的房间,我见他躺在床上,就问他怎么了。原来他胸部的一大片擦伤,是因为骑车紧急躲闪一位老太太才摔倒弄伤的。后来我姑奶奶被人撞倒,骨折全卧在床,他没有埋怨人家,自己出了全部医药费。每次他给我打电话咨询电脑问题,都说不着急,问我是不是时间方便。

他的朋友分布在人生的各个阶段,与曾经的同学同事情谊浓浓,家里有许多他与同学同事欢聚的照片。他参加各种同学聚会,与北平市工业学校(北京建筑工业大学前身)、北京三中、欧美同学会留苏分会的同学保持密切的联系。虽然在北京土木工程学校中途转学,但少年时期的同学友情到老年愈发浓郁。从我查到的照片中可知,他参加了母校九十周年和建工学院六十周年的校庆活动,以及15次班级聚会,其中1998年班级聚会是由父亲组织在法院开展活动的。2008年,他主动提出,与老同学李昶、崔锟、阎金生等合作,完成了《友谊地久天长》的光盘制作。他写了片头语和片尾的文字,提出了结构

影像渐渐清晰

和音乐设想,参与了制作过程。他写道:"二〇〇八年,是中国人民承办奥林匹克运动会的伟大年代,它实现了我们的百年梦想,是值得纪念的、非常光荣的年代。同时,这一年也是我们离开母校、进入社会的六十周年。光阴荏苒,日月如梭,现在我们大家已经进入了耄耋之年,回想彼此之间的深厚友谊和谈笑风生的音容笑貌,仍记忆犹新。我们非常想把逐年的全班集会,一如既往地继续下去,可是,现在大家都年事已高,力不从心,自然规律是不能违抗的,只好把全班集会停止在今年。为了纪念六十年的友谊,特制作《友谊地久天长》光盘,献给学兄、学弟留念!光盘包括三部分:母校;欢聚;祝老同学全家幸福,健康长寿。"光盘中体现了他和同学的友情和聚会的欢愉,特别是1988年一起攀登了慕田峪长城。光盘中收入了同学满怀深情所写的一篇短文:"难忘的一九八八·六·一九!土九班的'骆驼'登上了郁郁葱葱群山环抱的慕田峪长城。来自建筑、市政、教育、政法、工业、物资等部门,还有千里迢迢从雁北、汉水之滨赶来的44年前的老同学,聚集一堂,畅叙友情。聆听蔺尚义先生的谆嘱,接受母校领导的祝贺,不由得念及曹安礼先生的身影,不禁忆起40年前毕业时离别母校的情景。现在大家都已花甲之年,有着不同坎坷经历,有着各自的郁闷心情,统统让山景、友情和绵绵细雨洗刷得一干二净。登上慕田峪之峰,极目远眺,心里充满了对美好未来的憧憬。珍惜吧!44年的纯真友情!"崔锟告诉我,他们班的同学有一些中间转学的,读到毕业的大多也都入党,按照北京建设的需要分散到各个行业,成为社会主义建设的领导干部及技术业务骨干。我知道，纪民担任了北京建筑设计院的院长，主持了许多北京重大的建筑项目；崔锟在北京市委工业部工作。许多人在"文化大革命"中受到冲击，但他们都不计个人得失，在改革开放的新时期继续奉献。花甲之年回忆44年的经历，不禁感慨，同学的友情温暖彼此。父亲积极参加欧美同学会留苏分会的活动，与第二期同学一起去承德避暑山庄和北京世界公园、颐和园欢聚。

与好友纪民合影

父亲与各个时期的同事有着密切的来往。他与接替他工作的同事，如房山的马英、门头沟的卫定国、西城的王永源等关系都很好。王永源从第二中级人民法院院长退休后，接任了北京市正大律师事务所的领导工作，与父亲和许汝藩经常相聚，商议事务所的工作。他对老领导非常尊重。从与周奎正一起出差的照片，在饭桌上为法院老同志祝寿敬酒等照片中他的体态和神情可以看出他对老同志的尊敬。2002年后，受他的邀请，原房山法院的年轻同事郭光临、刘克诚和陈淑洁夫妇来家小聚。西城法院张明杰、杨实、张淑珍、王秋英多次来访。他参加市高院刑庭的年度春节聚会，与杨克等较年轻的法官相处甚欢；与律师事务所的同事多次聚会聚餐，并在家中招待大家。父亲还积极参加各种老干部活动。

影像渐渐清晰

三　钻石婚姻

　　母亲孙润宇比父亲小两岁，曾在陕北具有抗日救国学生运动传统的榆林中学读书。她受有进步思想的同乡学生的影响，1948年考入北京华北文法学院，经地下党员胡日新介绍参加了民主青年同盟。① 1949年2月，她被组织调到北京市公安局办公室研究科工作，按照北平市新民主主义青年团组织工作的规定集体转为新民主主义青年团，并担任了市公安局办公室团支部组织委员。父亲在团市委工作兼任市机关团委书记，到市公安局团支部蹲点与母亲相识、相恋，于1952年10月结婚。

　　"文化大革命"中夫妇俩人都受到批斗，他们彼此相互关心和慰藉。父亲下放劳动期间，母亲时常送去食品，劳动点的青年人也能吃到。他们恩爱63载，感情弥深，四世同堂，其乐融融，尤其到了老年，相濡以沫，在生活中互相照顾，在心理上互相慰藉，彼此尊重互称先生。父亲是幸福的，有小分歧时能礼让和善解人意，体现了男人的气度。退休后，父亲为社会发挥余热，母亲默默支持。父亲也抽出时间与母亲到美国、新加坡、马来西亚、泰国和中国的香港、澳门、海南、山东、广西、安徽等地自

---

　　① 民主青年同盟（简称"民青"）。抗日战争后期和解放战争时期，在国民党统治区建立的先进青年的地下组织。1945年10月在昆明成立。后经中共地下组织协调，分别称为民青第一支部和第二支部。在中国共产党的领导下，民青组织不断发展壮大，并由西南联大发展到其他大中学校，各校学生自治会和社团的领导骨干多为中共地下党员或民青团员。民青组织主要成员是学生及职业青年。其任务是团结广大青年积极参加反对国民党反动派的斗争。

政法老兵的背影

费旅游，享受二人世界的幸福时光。他们的幸福婚姻得到了社会的尊重和祝福。2002年他们参加街道居委会组织的"金婚庆典"。1994年父亲67岁，1997年70岁，2007年80岁都得到家里人的祝福。2015年春节，我们给父亲做了米寿。儿女们为他做了生日贺卡，在场每个人都签了名。贺卡上写出了他在儿孙们心中的形象："爱国敬业，司法事业六十年，依法治国献终生；慈爱宽容，养育教诲抚儿孙，和睦家庭暖融融；自尊自强，学习新事爱生活，坚韧乐观享米寿。"2009年母亲过80岁生日，父亲送了寿字条幅，题有"抚琴觅佳境，期颐度晚年"。

篆刻

父亲在家中平等待人，没有老子架子，和弟弟玩成一片；男孩、女孩一样对待，过节送礼物人人有份，好吃的平均分配。"文化大革命"中我被分配到外地，他嘱咐我要学会独立生活，计划安排生活费。我写信谈到单位的派性，他支持我不参加任何一派。

四 爱好广泛

父亲工作时严肃认真，平时他性格开朗，爱好广泛。他非常喜欢运动，打篮球、滑冰、游泳、摩托车、围棋、电脑、打麻将都行，只是年龄大了，没赶上开汽车。有时这种爱好成为他交友和联系群众的有效方式。他中青年时活跃在北京三中、苏联团校、房山等篮球场上；曾带我去现场看足球赛非常兴奋；有一次他有事临时开摩托车到家；也常常长跑锻炼。老年时只要有电视转播足球、篮球、围棋，他必看不误，到晚年不得不停看夜场；腿行动不便后又骑上电动车到公园活动。他还喜欢文艺，带我看京剧，也能哼哼两句；见他拉过二胡；弹钢琴，没见他怎么学，上手就像样。他自尊自

划船

强，晚年不服老，独立生活，不愿麻烦子女；热爱生活，敏锐好学，充满青春活力。耄耋之年，他学电脑，自己录入文章，使用电子邮箱，做视频，在网上下棋、网购；后期玩微信。他对一切新事物都有浓厚的兴趣，在同龄人中是少见的。

父亲很喜欢书法，家里有很多字帖。毛笔是我们喜欢给他送的礼品。他临摹过各种字体的字帖。他曾临摹过毛主席的诗词书法作品，贴在家里的墙上。他很敬佩多年做志愿者的原市高级人

政法老兵的背影

看微信

民法院副院长李放，特意写了寿字条幅为他祝寿，拍照和保存志愿者李放水墨画像的照片。这是一幅彩墨画，李放身着蓝白相间的奥运志愿者服装，颈挂工作证件，套着五彩手环的手腕上翘着拇指，表示着由衷的赞扬。人像旁题字："志愿者李放先生，这位86岁的老人曾是北京市高级人民法院的副院长，20世纪50年代以公诉人的身份参与了举世闻名的对日本战犯的大审判，他目睹了祖国的屈辱与沧桑，见证了祖国的坚强荣耀与辉煌。今天他是一名普通的志愿者，他说百年奥运中华圆梦，我愿与年轻人一起为2008北京奥运做点事，我感到光荣和骄傲。"李放也为我的父母照了不少照片，洗印了送给他们。2008年他给老同学崔锟送了寿字条幅，题字"挥毫觅佳境，期颐度晚年"，成为他们友谊的物证。特别是他生病时家里的书房用夹子夹着一幅未装裱的条幅，写的词作《满江红》，我以为是他抄的古诗词。到我整理他的作品时，才注意到这是他为纪念建党90年献礼的作品。《满江红》发表在《政法老干部园地》2011年第5期。这首词写道："耄耋之年，逢盛世，心花怒放。忆往昔，三中全会，南行讲话。开放改革兴华夏，神州处处花飞遍。宇宙船，遨游太空间，皆惊讶。举奥运，祝国庆，赈灾情，兴世博。科学发展观，指引前进。以人为

满江红

耄耋之年逢盛世心花怒放忆往昔三中全会南巡讲话开放改革兴华夏神州处处遍飞花宇宙船遨游太空闻皆惊讶
举奥运祝国庆赈灾情兴世博科学发展观指引前进以人为本奔小康和谐社会全民建九十年创中国特色青春赞

辛卯年春

曲珣《满江红》书法作品

本奔小康,和谐社会全民建。九十年,创中国特色,青春赞。"

五 顽强抗病

面对疾病,父亲平静有耐心,积极乐观地配合治疗。2012年他决定要做膝关节手术,我们很担心,高龄人手术后长时间卧床会引发器官的衰竭,劝他不做,他坚持要做,说有人做手术腿就治好了。他想像原来一样自由行走。从手术室出来时,大夫一再夸奖,说老人很配合。而且父亲一贯对医生特别客气和尊重,与护工小刘处得和亲孙女似的,说说笑笑。2013年开始住了几次医院,开始是心律不齐,做了消融手术,后来发现胆囊发炎引起心律不齐,又给胆囊消炎。这时他下定决心摘除胆囊,预约2014年2月做微创手术,他盼望着彻底解除病患。这次我们在手术室外进行了长时间等待,等来了噩耗。不是像上次手术那样为了老年人的生命安全而延长观察时间,医生在器械的帮助下观察到体内腹膜有很多白点,取了最远端的做了活体检测,结果确定是癌细胞,确诊是腺癌浸润,存活期为3个月到半年。医生建议,病人年龄太大,手术不能做了,最好不要告诉病人,别化疗,保守治疗。儿子儿媳复印了病例到市肿瘤医院咨询,也没有新的结论。子女遵从了医嘱隐瞒了病情,希望他的好情绪能延缓病情。这半年他的心情非常好,认为自己消除了一切体内隐患。10月体检中心负责地通知他,血液化验癌指标有问题。两位老人要求积极治疗,做了各种检查终于发现了胆囊未摘的秘密。但是父亲告诉我这个结果时却没有一句责备。他忍受着煎熬坚持化疗,希望自己

影像渐渐清晰

能战胜癌症。但到2015年春节前后他的身体已经很虚弱，他坚持着参加聚会和做米寿。节后不久，他的病情迅速恶化，3月10日，由于北京医院没有床位，他住进了北京中医药大学东方医院。子女要通知单位，他执意不让，也不让通知更多的朋友。到下午他总催着我回家，还和护工小张说女儿家的事也多。3月23日，得到信息的高院老干部处陈雄处长和袁源处长代表单位来慰问，同事赵玉荣、曹立昆和张鲁民前来探望。当他被插上排尿管后，不甘心，拼尽全力起身自己排尿，但没有成功，瘫软在床上。他极力想保持尊严，开始时坚持自己一个人到卫生间，不让人照顾，后来勉强接受了护工的照顾。清明节过后，他乘我不在时让护工找医生，坚持拔掉引流胃液的管子，以为这样就能像原来一样自己吃饭了，却引发了肺部感染。他在治疗的过程中，始终不服输，没哼过一声，顽强地与病魔抗争，表现得十分坚强。而且不管遇到什么打击和挫折，他都乐观向上，从不垂头丧气。4月10日（周五）晚11点58分，父亲平静而安详地离开了。夜深了，亲属尽量保持安静，不打扰同室和楼道里的病人。这是父亲一贯的风格，他不愿意给别人（包括他的子女）添麻烦，始终为别人着想。

家属遵从他的意愿，丧事从简，预订了4月12日（周日）早上北京中医药大学东方医院地下室的小告别厅。清晨，当我赶到医院地下室时，却意外地发现除了亲属还有十多个陌生的面孔。原来是以市高院政治部主任安凤德为首的各部门的领导和同志来为父亲送行。陈雄处长正在忙着摆市高级人民法院党组、慕平院长及有关部门及领导送的花圈，并为父亲盖上了庄严的党

政法老兵的背影

旗。因为在双休日，联系不便，单位的准备工作十分紧张而被动。但有关院领导和老干部处克服了种种困难，使告别仪式尽可能圆满。袁远处长忙着拍照。事后，家属发了感谢短信给老干部处。短信中说，"父亲走了，他带着高院党和行政组织以及各位领导的关怀，各位同事的温暖和友情走的。""在休息日仅有半天的时间里，您们推掉一切事情，完成了几乎不能完成的筹备工作，我和家人非常感激！这不是一般的完成任务，这是一份深情。""非常感谢党组织给予父亲很高的评价。父亲是革命队伍普通一员，他平凡的一生，有理想信仰，在'文化大革命'受难时不放弃；克己奉公，在金钱面前不迷惑；与人为善，与同事同学友谊深长，是我们子孙辈的榜样。在我们家庭的微信群里，他的孙辈留言，说道'我身边的这位老人，他……从地下共产党到法官，从未背离过自己的信仰和誓言。当看到他身披党旗的一刹那，我被深深地震撼了'。"

告别曲珣

影像渐渐清晰

父亲走后，家人没有广为联系他的好友。访谈中父亲好友往往说到父亲走时不知道，遗憾没能与他告别，我一一进行了解释，请他们释怀。但当时还是有些好友发来短信、邮件和微信，表达对他的怀念和对家属的慰问。"老团干"马玉桂以联络组名义发了电子卜告，并到家里慰问母亲，送来了北京团市委的《青春、历史、回眸——纪念北京团市委成立65周年座谈会》画册。汪家镠和王浒夫妇发来唁电："惊悉曲珣同志仙逝，特此致函吊唁，望节哀，保重身体。"张其锟在信中说，"得知你父亲去世，心情十分沉痛。在那革命激情洋溢的时代，我们一起战斗的友谊是永存的。在目前医疗条件下，遇到癌症，多半是回天无力。希望你照顾好你妈妈，也请你带我问候你妈妈，请她节哀。"父亲参加的微信群中，传递着他离世和怀念的信息，并借助著名英文诗歌《请不要在我的墓前哭泣》表达着哀悼的情思。赵建新说："老曲走了，又是我们熟悉的人，心里很不是滋味。今年2月7日高院团拜会还见到了老曲，和他还聊了天，没想到就是最后的见面。愿老曲一路走好，愿他的家人节哀顺变。"吴金良说："今天从微信上得知老曲走了，愿他一路走好。向孙大姐表示慰问，请节哀珍重。"杨克说："那天看到老曲生平及日常生活的幻灯片，真是深深地眷恋，他是还没显老的长辈，大伙儿都敬重他。愿全家节哀，保重！""我们都很敬重老曲，亏得去年提前聚会了，老人家非要付款请大家，后来被说服了。联上微信，我俩还语音说过话。老人家留下的都是美好印象。"甄贞说："问候孙阿姨。我们会怀念老曲的。希望您多保重身体！有什么需要我们做的，就在微信上招呼我们。大家都会出力的。"当时母亲不会使用电脑和手机短信、微信，在子女的协助下

政法老兵的背影

以"孙润宇（曲珣妻子）"的落款用父亲的微信号发了感谢回信："老曲走得急，走得快是我最深的遗憾。感谢各位对他的悼念祝福，我就不一一回答了。望各位保重。"

结　语

　　我的信息碎片的编织，无法得到父亲的认可，也不可能描绘出他完整准确的形象。而且他也有缺点和不足。追忆，让我寻找到父亲留给我们子女的宝贵精神财富：他反感国民党腐败走上了革命的道路，终生坚守自己的理想，心系民众，胸怀坦荡，廉洁奉公，勤奋敬业，正直善良，宽人律己，好学善学，乐观坚强。我们在他的墓碑上刻上了四个大字"一身正气"，期望凝聚他的精神。追忆父亲，为子孙擎起做人的明灯。一个个普通共产党员的个人经历构筑了党的活的历史，千千万万的党员形象构成了老百姓心中共产党的形象。

　　父亲是浩瀚的政法队伍中的普通一兵，像千千万万的政法战友一样，忠诚于党和人民，兢兢业业，为社会主义法制做出了自己的贡献。老兵走完了他的历程，战友们继续前行，推进人民司法事业的发展。父亲带着战友的深情、朋友的友情、亲人的温情走了，他那坚强而又乐观的笑容永远留在我们心里。

2016 年 9 月

参考文献

1. 傅青等：《祠堂星火》，载中共北京市西城区委组织部等编《峥嵘岁月——北京西城老同志的回忆》，中央文献出版社 2001 年版。

2. 陆元炽：《编印〈新闻资料〉的前前后后》，1980 年。

3. 陆元炽：《我所知道的〈新闻资料〉》，1990 年。

4. 王非等：《一九六四年北平中山公园音乐堂事件始末》，《党史博采》1996 年第 5 期。

5. 董少东：《1947 年我党情报工作的一次重大损失（闪击延安后）》，《北京日报》2009 年 11 月 3 日。

6. 《为党史征研工作贡献余生——沉痛悼念杨伯箴同志》，《北京党史》1989 年第 6 期。

7. 共青团北京市委编著：《北京青年运动纪事（1919—2004）》，人民出版社 2004 年版。

8. 北京市青年联合会秘书处、共青团北京市委青运史研究室：《北京青联 40 年》，北京出版社 1989 年版。

9. 《青春、历史、回眸——纪念北京团市委成立 65 周年座谈会》，共青团北京市委员会，2014 年。

10. 共青团中央青运史工作指导委员会、中国青年研究中心编：《"茨卡莎"留学岁月——苏联中央团校中国班学员回忆录》，中国青年出版社 2003 年版。

11. 邢振家：《源远流长的人民友谊——回忆在中央团校学习生活片段》；陈模：《留苏学习——令人难忘的岁月》，载朱训主编《希望寄托在你们身上——念嘱托忆奋斗岁月（续集）》，中国计量出版社 2007 年版。

12. 中国当代留学回国学人大典编委会：《中国当代留学回国学人大典》（第一卷），香港教科文出版有限公司 2003 年版。

13. 《苏联中央团校中国班第三期校友聚会》，http：//www.wrsa.net，2013

年11月4日，欧美同学会分会。

14. 宋贵庚：《北京内部肃反运动》，《北京公安史料》1991年第2期。

15. 中共北京市委党史研究室：《中国共产党北京历史》（第二卷），北京出版集团公司、北京出版社2011年版。

16. 《光辉的历程1949—2015》，北京市房山区人民法院，2016年。

17. 北京市房山区志编纂委员会编：《北京市房山区志》，北京出版社1999年版。

18. 中共长阳镇委员会、长阳镇政府：《长阳40年》，2011年。

19. 北京市门头沟区人民代表大会志编纂委员会编：《北京市门头沟区人民代表大会志1948.12—2011.01》，中央文献出版社2011年版。

20. 北京市西城区志编纂委员会编：《北京市西城区志》，北京出版社1999年版。

21. 曲珣：《调解与判决》，《北京司法》1984年第2期。

22. 北京市高级人民法院、《当代中国的北京》法院编写组编：《北京市人民法院工作大事记（1949—1985）》，北京市高级人民法院出版社1985年版。

23. 《北京法院》，北京市高级人民法院编制，1999年。

24. 《北京市高级人民法院60年1949—2009》，北京市高级人民法院，2009年。

25. 全国法院干部业余法律大学经济法教研组编选：《经济法教学案例选编初选本》（上册），人民法院出版社1987年版。

26. 全国法院干部业余法律大学经济法教研组编选：《经济法教学案例选编初选本》（下册），人民法院出版社1988年版。

27. 全国法院干部业余法律大学经济法教研组编选：《中国经济法教学案例选编》，人民法院出版社1990年版。

28. 中国经济法研究会北京市分会编：《横向经济联合中法律问题研究》，1987年6月。

29. 孙宗旭：《北京市高级人民法院为离休干部举办钻石婚庆典活动》，2012年11月12日，http：//www.bjlgbj.gov.cn/contents/108/22123.html。

30. 邹炜：《坎坷岁月，奋斗一生——我的回忆录》，2004年。

31. 曲珣：《幸福的感言》，《北京老干部》2010年第12期。

32. 曲珣：《满江红》，《北京老干部》2011年第5期。

33. 何兵：《公检法军管的时代》，中评网—法律生存—司法之翼，http：//www.china-review.com/lafi.asp？id＝32655。

34. 原中共北京市委组织部、纪委部分同志：《深切怀念范儒生同志》，《北京党史》1990年第1期。

鞠躬尽瘁、无私奉献的一生

鞠躬尽瘁、无私奉献的一生

北京市高级人民法院政治部

中国共产党的优秀党员、忠诚的共产主义战士、北京市高级人民法院原经济庭庭长（副局级）曲珣同志，因病医治无效，于2015年4月10日23时58分在北京逝世，享年88岁。

曲珣（曾用名：曲安贵），男，1927年2月出生，北京市人，汉族，1947年1月参加革命工作，同期加入中国共产党。

曲珣同志的一生，是革命的一生，战斗的一生。他1947年1月在学生时代即投身革命加入中国共产党，1947年10月至1949年2月在中共北京地下学委会中学委员会负责收听新华社广播，编印宣传材料，宣传党的路线、方针，为建立新中国做出了积极的贡献；1949年2月至1952年10月在共青团北京市委组织部、统战部先后任干事、部长；1952年10月至1954年1月赴苏联中央团校学习；1954年2月至1955年5月在共青团北京市委组织部任副部长；1955年5月至1959年9月历在中共北京市委范儒生同志办公室、中共北京市委五人小组办公室、五人小组甄别定案组担任干事、副组长、负责人等职务；1959年9月至1965年8月在中共北京市委政法部任干事；1965年8月至1965年11月在

政法老兵的背影

北京市高级人民法院工作；1965年11月至1969年6月在北京市房山县法院任副院长；1969年6月至1973年4月下放到房山县长阳公社，后担任长阳公社林场书记、企业分场副书记；1973年4月至1974年2月回到房山县法院任负责人；1974年2月至1978年11月在北京市门头沟区法院任党组书记、院长；1978年12月至1984年6月在北京市西城区法院任党组书记、院长；1984年7月至1988年5月在北京市高级人民法院任经济庭庭长、审判委员会委员（副局级）。1988年6月经北京市高级人民法院党组批准离职休养。

曲珣同志在一生的革命生涯中，始终坚持党的信念，立场坚定，对党忠诚。他无论从事什么工作，都能做到坚持真理，坚持为人民服务的革命宗旨，兢兢业业、任劳任怨，在不同的工作岗位上取得了不平凡的业绩。他长期在党的政法战线工作，忠实党的政法事业，忠实于宪法法律，全身心的投入政法工作和审判事业，参与了大量案件的审判，积累了丰富的工作经验。他在长期从事审判工作期间，注重工作方法，讲究审判工作艺术，求真务实，开拓创新，为首都的审判事业和社会主义法制建设做出了积极的贡献。

离休后，他仍关心法院建设，积极发挥余热，用丰富的法律知识服务社会，积极化解社会矛盾，在担任特约律师期间，他以事实为根据，以法律为准绳，积极捍卫法律尊严，使正义得以伸张。他热爱公益事业，积极参加公益活动，多次为受灾地区群众捐款捐物献爱心，展示了一位老共产党员的良好形象和优良品质。他热爱生活、热爱家庭、爱护家人，更是一位好丈夫、好父

鞠躬尽瘁、无私奉献的一生

亲。他为人正直善良,关心群众、帮助他人,受到离退休老同志和邻里们的尊敬与爱戴。

曲珣同志的一生,是为党的事业和社会主义法治建设鞠躬尽瘁、无私奉献的一生。他忠于党、忠于祖国、忠于人民,具有高度的党性原则和组织纪律性。他光明磊落,清正廉洁,顾全大局,维护团结,坚持真理,修正错误,忠实于法律。他的逝世,使我党失去了一位好党员、好干部。我们悼念他,就是要化悲痛为力量,以曲珣同志为榜样,学习他的优秀品德和革命精神,为推进首都法院建设努力奋斗!

曲珣同志和我们永别了,让我们永远怀念他。

2015 年 4 月

曲珣作品

我的地下党经历[*]

曲 珂

我在中学时代参加了革命,直到北京解放。这一段历史是非常值得回顾的。

这段历史可以分为两个阶段:一是学生时代的革命活动;二是党的地下工作阶段。

一

1945年"八一五"日寇投降后,在青年人中爱国主义情绪十分高涨。当时国民党的法西斯独裁统治的本质没有被揭露,我对它还存在着幻想。但是,不久幻想就破灭了。这一方面是国民党占据北京以后的贪污腐败行为,引起老百姓的极大不满;另一方面是风起云涌的爱国民主运动教育了自己,很快就吸引我投身到争取民主的运动中去。

---

[*] 此文写于2007年左右。

政法老兵的背影

由于思想认识上的变化，就想转学。当时是在市立高级工业学校读书。这是一所职业学校。自己想读大学，于是就买了一张假文凭，到市立三中插班念书。考试的那一天，遇到三中的教导主任监考。他看到我答题很快，特别是数学答题，长时间站在我身旁，看得出他对我的答题很满意。1946年年初转学以后，我被分配到高二乙班。在班上恰好有一位同学，过去我们认识。这位同学就是傅青。我们很快就熟悉了，相互交换进步书籍和刊物。通过傅青很快又认识了董荣田、李国翰和魏熙佩。我记得是四五月份，在老董的组织下，和地下党开始接触，第一面认识了于英。这时才知道老董已经是党员了。这样每星期在傅青家集会一次，座谈时事或学习进步书籍，当时打心眼里感到高兴。记得那时在学校出黑板报，由我统稿并负责缮写。这个黑板报在学校中小有影响，也得到组织上的支持。但是，这一时期的活动仅限于我们这几个人，很少和外人接触。

1946年，市立三中公开的进步活动是比较少的。可是国民党、三青团的反动活动也比较微弱。我们班只有一两个三青团员，甲班三青团员多，但是彼此互不相扰。这一方面是由于很少有对立的活动，另一方面也是由于老同学之间情面相关吧。到了高三就有些变化，比如，撕黑板报的事就出现过。

使我终生遗憾的一件事，发生在1946年暑假。假期刚开始，组织上决定派李国翰和傅青去张家口学习。当时张家口被解放，是华北局城工部所在地。李国翰、傅青学习回京后随即入了党。他们走了一个月左右，于英找我谈话，要我也去张家口学习。当时我十分高兴，就是考虑怎么向家里说，于英还帮我出了主意。

回到家，和老人说家在保定的一个非常要好的同学有病，来信要我去看看，好不容易才说通了老人。第二天穿了一身中式裤褂，打扮成农村孩子的模样，和老魏介绍的一个姓马的同学一同出发。当天中午抵达南口车站坐火车。那时要通过国民党军队把守的关卡，他们刚刚改变了办法，过关卡的人要持居民证。当时我和老马谁都没有带，遇到了麻烦。我编了一套谎话，说我的亲人去张家口做买卖，病在张家口，有人带信要我去接。好容易将把卡的国民党军人说通了，表示可以让我通过，就是不同意让老马过去。可是老马一再纠缠着我，说什么也不同意我一个人先过去。时间拖到最后一趟火车了，他仍是不同意我一个人过去。无奈我只好同他一起返回北京。正巧在火车上遇到了傅青。他说现在过去时间晚了一些。回来后向于英做了汇报，他表示机会错过了，以后再说吧。事后每当想起此事就十分遗憾。

1947年1月16日是我终生难忘的日子，就在这一天我光荣地参加了中国共产党，候补期是3个月，是最短的，后来按期转正。入党之前，于英找我谈话，问我党章看了没有？我说："看了。"他说："对申请入党有什么意见。"我回答说："非常想入党！"他问："为什么不申请？"我说："我认为只要自己够条件党会吸收的。"他说："入党是自愿的，应该申请。"我恍然大悟，赶紧写了申请书。这说明了自己当时的组织觉悟。入党以后，我记得不久就组成了支部。老董是书记，党员有李国翰、傅青、魏熙佩和我。

入党以前，党组织的活动仅限于内部。支部组成后，不久于英正式提出，你们快毕业了。大家一离开学校，党组织和党员都

政法老兵的背影

没有了。当前的重要任务是发展组织，在低年级的同学中发展党员。那时我联系低年级的同学比较多，一是我爱体育活动，有时学校里年级体育活动还让我当裁判；二是我搞过一段黑板报。有些低年级同学向我借过一些进步书籍，或聊聊闲天。从这些同学里我选择了郭滨。因为郭滨和我接触得比较多，思想进步。他不但和我借过进步书籍，而且自己也买了不少进步书籍看。有时还聊过时事，比如国民党的腐败，解放战争的进展，美国人支持国民党的结果，以及第三次世界大战能不能打得起来，等等。我开始有意地借给他毛主席的著作，如《新民主主义论》《论联合政府》等内部书籍。他很爱看。与他接触的同时，郭滨还介绍了他的同班同学何欣治。接触以后我觉得何欣治的认识不比郭滨差。当我将他们的情况向于英汇报以后，于英要我加紧和他们联系。与此同时，我又认识了初三的同学张圆明。他很要求进步，后来知道他父亲是国民党第十二战区的少将高参，思想进步。与他联系时，有时到他家去。有一次在他家遇到了我们过去的地下党领导李营同志，得知他由张家掩护，住在张家。我将此事汇报给于英同志后，他立即决定赶快发展张圆明入党。

1947年暑假，于英同志指示，组织郭滨和何欣治去晋察冀中央局城工部所在地河间府参观学习。我当时没有给城工部写过介绍信，就去找李营同志。李营同志要我自己写。我当时很发怵，怕写了不管用，可是写了以后还是用上了。此后，三中的地下党工作由于英同志领导，我不再参与。我与傅青共同搞新闻宣传，就是收听延安广播电台的时事广播，然后刻版印刷，编成《新闻资料》，辗转送给各地下党支部。

曲珂作品

二

自1947年9月到北京解放，这一年零四个月间，我、傅青和陆元炽在一个地下党支部，当时领导我们的是于英、李营和黄甘英等同志。

这个时期的任务就是收听、编辑、刻印和发送《新闻资料》。当时我党在延安设立的广播电台，每天以记录速度定时播发政治、军事和经济新闻，特别是世人瞩目的敌我战场的军事新闻。为了使地下党的同志们及时了解敌我斗争的情况，中共北京地下学委会将这一任务交给了傅青和我。

开始接受这一任务时困难很多，比如：（1）收听广播。虽然电台是以记录速度播发，可是开始记录跟不上，再加上收音机播放的不稳定，声音忽大忽小，加上敌人用电波干扰，总是听不清，记不全，慢慢地，记录速度快一些，稍好一点，也有丢三落四的时候。只好两个人听完后，互相核对补充，然后才能编辑、刻印。直到后来领导上送来一台美国军用收音机，收听效果非常好，记录得就比较齐全了。（2）刻印。就是刻版和印刷。先是刻版。开始写字很用力，字写得慢，而且把蜡纸都划破了，印刷时印不了三四十张，蜡纸就烂了。后来，慢慢地用力轻一些，字也写得快了，蜡纸也不破了。印刷时，油墨调得稀一些，有时最多印到三百余份。（3）编排。最初是16开本，拿着、带着都不方便。后来改成32开本。封面直接印着"新闻资料"，没有一点遮掩，十分露骨。后来封面用"木刻丛刊""木刻丛书"等作为掩护，里面却是解放军捍卫解放区战胜国民党军队的消息。（4）发送。《新闻资料》印好后，大多是别人来取。有时我也给李营同志送，因为我知道他住的地方。有一次，大概是在1947年秋天，我提着一包《新闻资料》给李营同志送去。当时正值学生运动，国民党军警在北大工学院附近布防，为了谨慎，我在书包浮面放了一本高中化学教科书，出门走了几十米，那时停电没有路灯，突然警察喊了一声："站住！干什么的？"我急忙回答："学生，放学回家！"同时主动地将书包提到他们的面前，让他们看"高中化学"。他们看也没有看，就让我走了。后来回想起来，还是伪装了好。

这段时期，除了刻印《新闻资料》以外，还在1947年10月刻印过《土地法大纲》和"解放军三大纪律八项注意"。这次刻印的多，大约是七八百份。印后在晚间向城内散发。有的发给进步群众，有的扔到居民院内，有的顺着门缝塞到院内。傅青和我也散发了几十份。这次活动宣传了共产党的政策，效果很好。

我记得随着这次还刻印了一部分"警告信"。内容大概是：对在校的活动猖狂的国民党、三青团反动分子，无论是学生或老师，向他们提出警告，要他们停止反动活动，改过自新。这次活动影响较大。但是不久，就受到华北局城工部的批评，认为这次活动不会对敌人有太大的触动，反而暴露了自己，是一种"盲动"。我记得不久，国民党的《华北日报》刊登了一条消息，公布已经抓捕了一些共产党，缴获一批油印工具。这纯粹是谎言，而且也是当时国民党常用的欺骗伎俩。

到1948年四五月，国民党军事上节节失利，他们在政治上加紧镇压民主势力，搜捕进步分子，加强控制社会治安，一时局势甚为紧张，为了谨慎，组织上通知收听刻印《新闻资料》的事暂时停止。傅青和我立即将油印工具藏匿起来，直到1948年12月才又接受了新的任务。

大约是1948年12月初，组织上交给了新的任务，是印刷迎接解放的标语和传单。与我们接头的是我们中学的同学魏有仁，那时他在燕京大学新闻系读书，是学生运动的积极分子，1948年年初一次学生运动中被国民党抓捕，后因校方营救，国民党也没有抓住什么证据，被放回来。我们与他联系后，他带我们到石光海美容院，地址在王府井大街南口路西。这里值得一提的是，石光海其人。他是魏有仁的父亲在日本东京帝国大学的同学，开了一个美容院。他给一个国民党军官整容，留下了后遗症，被那个军官打了一顿，还被敲诈了很多钱。因此，石光海恨透了国民党，在当时的情况下支持了解放事业。

在美容院的二楼上的一间房里，我们俩工作了近20天，印了很多页迎接解放的标语和传单，诸如，"中国共产党万岁！……中国人民解放军万岁！""热烈欢迎解放军进驻北京！"等等。这20多天很忙碌、很愉快，也很平静。印完一批，有人来拉走。每天早晨醒来就印，一直工作到晚上十一二点。这项工作直到12月二十几日，组织上通知我们俩到北京自忠小学集中才告结束。这时北京就和平解放了。

至此，我们的地下工作也告一段落。

怀念好友维克多[*]

曲　珣

我在苏联共青团中央团校学习时，与当时学校派来的翻译维克多·伊万诺维奇·卡列齐克夫逐渐接近，成了好朋友。

维克多的中文名字叫郭连科，但大家都喜欢叫他维克多。他给人的第一印象是老成持重，和蔼可亲。在苏联团校学习期间，无论是我们班里的事情，还是学员个人的事情，他都有求必应，因此与我们中国班学员的关系特别好。

在苏联团校学习期间，我担任党支部文体委员，对外联系比较多，例如组织文娱活动、篮球比赛包括和各国学生的一些交往都需要维克多帮助翻译联系。这样时间长了，我和维克多之间的互相了解也多了，彼此的关系更密切了。我觉得他不仅对工作认真负责，对我个人也较为关照。记得一次篮球比赛，因为我几次断了对方一个球员的球，对方有些不满。当我再同他抢球时，他

---

[*] 此文载共青团中央青运史工作指导委员会、中国青年研究中心编《"茨卡莎"留学岁月——苏联中央团校中国班学员回忆录》，中国青年出版社 2003 年版。

连续三次很隐蔽地用肘部撞击我的脸部，两次把我的嘴唇撞破，流了血。休息时，维克多向我问清了情况，找到了那个人，指出他的做法不对。后来这个人向我表示了歉意。这件事我是很感激维克多的。

经过一段交往，我们越来越熟悉，因此也了解了他个人和家庭的一些情况。我知道他参加过卫国战争，在炮兵部队当过尉官，曾在一次潜入敌后的侦察中，立了功，并获得红旗勋章。当时苏联中央团校给我们中国班派了三位翻译，他们是同学，维克多是组长。其中有一位女同志，曾和维克多恋爱过，因为维克多家没有房，结不了婚，这个女同志就跟别人结婚了。维克多的母亲知道了他们还在一起工作，感到很惊讶，可我们觉得他们三个人在一起工作时，关系很正常、很融洽。从这一点看，维克多的为人是十分大度的，我很佩服他。

1953年秋季，中国新民主主义青年团中央又向苏联团校派来了第三批学员。维克多不仅负责日常的联络翻译工作，还兼任这个班的联共（布）党史课的翻译。由于他一时还不能适应党史课的翻译工作，所以在做课堂即时翻译时，有时说中文会把主词或动词的位置搞错，有些成语也翻译得不准确，学员听得费劲就提意见。这时维克多找到我，说他有困难，要求我帮忙。当时我的学习任务也不轻，可我毫不犹豫地答应了。开始时因为我的俄语不很好，较为吃力，他照原稿翻译一句，我给他写一句，错的地方给他纠正，速度比较慢。经过一段时间，他的中文水平提高了，主词、动词的位置，以及句子的排列顺序也比较恰当了，就一段一段地译成中文，速度也加快了。上课时，他照着翻译好的

政法老兵的背影

稿子念，字句清晰、流畅，大家听清楚了，反映也就好了。这项工作一星期大约三次，一次两个多小时，连续工作不到两个月，他自己就已经能胜任党史课的翻译工作了。通过这次交往，我们的关系更加密切了。

时光荏苒，很快就到了1954年年初，我们班同学该毕业了。有一天他把我找到他的宿舍。一进门，就看到他买好的酒和菜，原来他是要为我送行。开始时我们俩都很高兴，一边喝酒，一边聊天，回忆往事非常愉快。但是一提到离别就都有些依依不舍，情感上有些过不去，我还忍不住落了泪。维克多几次喝水想躲过去，但也还是落泪了。为了彼此留念，我把一条毛裤送给了他。他送给我一个很精致的照相用的三脚架，这是他在德国打仗时的战利品。我们回国时，团校派了一位副校长和他一起把我们送到中苏边境，离别时，我和他紧紧地拥抱在一起。

1956年的时候，我已经调到中共北京市委工作了，忽然有团市委的同志告诉我说，有一位老朋友要见我。我到团市委一看，原来是维克多，顿时喜出望外，便同他聊了起来。这才知道他已经是苏联《共青团真理报》驻北京记者了。

此后，因为多种原因，我们接触不多。只记得1959年国庆10周年时，维克多邀请我们全家去他住的宾馆吃饭。闲聊时他向他的妻子介绍了我们过去交往的情况，并专门提到在他工作困难时，我对他的帮助。他们两人对我表示感谢。我当即表示，在我学习期间，维克多也给了我好多帮助，朋友之间相互帮助是应该的，这是友谊的象征。这次会面都很高兴，同年十月革命节，我送了他一对雕漆花瓶作为回拜和留念。

中苏关系紧张以后，我们没有再往来。现在对老朋友的状况一点也不清楚，只好在万里之外，遥祝他晚年幸福了！

难忘的一个人

——悼念范儒生同志

曲 珣

范儒生是我终生难忘的一人。他既是我尊敬的领导，也是我十分钦佩的老师。

我第一次见他是在 1954 年春天，那时我在北京团市委组织部工作。为了发展团员的问题，派我去向他汇报。当时他是中共北京市委组织部长。

新中国成立初期，青年团在中学生中的影响非常大，学生热情高，几乎是一呼百应，但是学生中出身成分不好的比例也大，到了一定时期，这些人中表现好、入不了团的就越来越多。如何解决这一问题，就成了摆在团组织面前的大问题。那时"左"的思想影响比较大，谁也不愿拿这个主意，只好向党委反映。在这种情况下，范儒生同志听了汇报。

他说，从汇报的情况说明，新中国成立后短短几年中，青年团在学生中间威信较高，影响也大。目前是一部分表现较好，但出身成分不好的青年人正挤在门外。这部分人处理不好，会影响青年团在学生中的工作。我认为现实表现是一个人自己可以决定的，出身则是父母给的，自己无能为力。共产党人是唯物主义者，人家靠近你，信任你，你把人家拒之门外，这是伤感情的。何况青年团又是一个群众性组织。我建议要有计划、有步骤地在这些人中进行发展，满足他们的组织要求，不然青年团要脱离群众的。他说这是我的建议。这一段话推动了当时的青年团工作，同时我也一直铭记在心。论点明确，语言中肯，平易近人，这是他给我的第一印象。这一段话推动了当时的青年团工作，同时我也一直铭记在心。

1955年初夏，我被调到范儒生同志办公室。那时他是中共北京市委副书记，主管工、青、妇等群众团体工作，调我去的任务是联系这几个群众团体。1955年时，全国正在由反胡风反革命集团转入大规模的内部肃清反革命的运动。范儒生同志主管肃反工作。我调去以后立即投入肃反工作。

在肃反办公室开始在大学组、后又调建筑组作联络工作，后来建立甄别定案组派我当组长。特别是清理被捕在押人犯的工作中，与他接触较多，因为他是批捕五人小组组长。组员是副市长兼公安局长冯基平、市检察长郭步岳、市法院院长王斐然和市监察局局长王慎之。市肃反办公室建立之前，已经在中、小学系统逮捕了260余人，经过预审发现有冤错现象，必须进行清理。这是一项政策性很强的工作。在范儒生同志的领导下，本着实事求是、区别对待的精神，制定了处理办法：（1）将犯罪事实张冠李戴的，或是本人有一般历史问题夸大为严重犯罪的，属于冤案，要给他们恢复名誉、赔礼道歉、恢复工作、补发工资；（2）历史

政法老兵的背影

问题已经交代清楚，捕后没有发现新问题的，恢复工作、补发工资；（3）过去有犯罪事实，捕后又发现一般问题的，给予恢复工作。

本着这一处理办法，清理了一部分人。但是凡是要释放的，都必须经批捕五人小组批准。这样做到了不冤枉一个好人，也不漏掉一个坏人，执行政策是十分严肃的。这一段工作对我教育提高很大，特别是对完成甄别定案的主要任务起了很大作用。甄别定案是肃反工作的最后一道工序，也是检验运动成果的关键阶段，政策性非常强，弄不好不是漏掉坏人，就是冤枉好人。由于在批捕五人小组工作了一段，使我在认定事实、审查证据方面得到了提高，尤其是在执行政策上给我的教育，是我终生难忘的。

范儒生同志给我的另一个启示，就是事必躬亲，决不依赖秘书。比如，运动各阶段的小结，以及向中央十人小组的有关报告，都是先听取有关各组的汇报以后，亲自口述提纲和各段落内容，不论是大报告，或是一般材料，只要是送上级领导的，一律亲自动手。有时候只要你手勤，他口述完了，从文字上加工整理一下，报告草稿就出来了。这样的工作作风，让我非常佩服，同时耳濡目染，潜移默化使我自然而然地受到了他的熏陶。

我在学校里参加地下党，接着又参加了工作，但是如何处理复杂的社会问题，回想起来最重要的一课，还是在范儒生同志的教导下学会的，时间虽然不长，学到的东西是最多的，特别是掌握第一手材料、辩证地分析问题、结合实际运用政策、根据不同情况区别对待，灵活地掌握政策，重要工作一定要亲自动手，等等。时至如今，他的形象始终在我的脑海里留下了深深的烙印。

范儒生同志已经千古了，但是我永远会铭记着他。

2001 年孟秋

调解与判决[*]

曲 珣

实践证明，通过调解解决民事纠纷，好处很多：一是比较省事。双方在自愿和解的基础上达成了协议，法院不必判决，当事人也不必因不服判决而上诉，当事人和法院都可省去许多精力和时间；二是在调解过程中，促使当事人互相谅解，不至于挫伤感情，有利于人民团结、社会安定。可是，对这些好处，并不是所有的审判人员都已认识得很清楚。有的认为太费事，不如判决简便；有的认为调解就是"抹稀泥"，两边抹抹就行了；有的违反自愿原则，名为调解，实系"我说，你听"，以至调解之后又"翻案"；还有的人说，在外国就没有调解，言外之意，调解就是累赘。所有这些错误认识，都直接影响着审理民事案件要"着重调解"这一原则的贯彻执行。

调解之所以要作为民事诉讼中的一条基本原则贯彻，主要是因为民事诉讼是人民内部矛盾，应该尽可能用说服教育的方法解

---

[*] 此文发表于《北京司法》1984年第2期。

决，用毛主席的"团结—批评—团结"这个著名公式解决。这个公式提出了解决矛盾的愿望、手段和目的，通过调解不仅要使矛盾得到解决，而且还要使双方当事人在互相谅解的基础上达到新的团结。只有达到新的团结，我们的调解工作才能说是成功的。

调解是不是"抹稀泥"？当然不是。调解应该是在查清事实、辩明是非的基础上，对当事人进行社会主义的道德、伦理、法律、政策和团结友爱的教育，并通过批评与自我批评，使双方对是非有正确的认识，明确自己在纠纷中的责任，消除分歧。所以说解决纠纷的过程，也就是对当事人进行思想教育的过程。进行思想教育要坚持原则，分清是非，绝不能"抹稀泥"。如果说调解过程中有可能存在"抹稀泥"现象的话，那也只是在作具体处理安排这一点上，在不影响双方基本利益的情况下，采取一些折中办法，以求得纠纷的圆满解决，是允许的。

一般来说，只要能够依靠群众，认真地调查研究，运用政策和法律得当，说服教育得法，绝大多数民事纠纷是可以调解解决的。俗话说，"一场官司一场仇""告人一状十年不忘"，如果调解成功，那就仇解恨消，增进了人民内部的团结。这是调解工作成败的一个标准。达到这个标准的越多，民事案件的办案质量也就越高。

在民事诉讼中，调解无效，当然要实行判决。不过，判决要慎重。因为。第一，需要判决，就意味着有重要的问题不能协商解决。而这些争议，有的是因为对纠纷事实的认识不一致，有的是对解决办法分歧很大。因此，对于这些有争议的问题，必须做到认定事实有根有据，提出的解决办法合情合理。否则，就会侵犯当事人的合法权益；第二，判决是法院对案件的处理决定。如果，这一决定的某些处理内容为当事人一方或双方所反对，当事人对一审判决不服，是可以上诉。所谓上诉，实质上就是当事人上告一审法院，也可以说是上告一审法院的承办人员。从这个意义上说，发生上诉的案件，只有二审维持原判的判决才是成功的。可是，实际上确有个别的判决是由于事实没有查清、处理意见不甚合理，或者是办案人员的审判作风不好，与当事人闹成对立而造成的。因此，就发生了二审调解、部分改判，甚至发回重审的情况。如果我们的工作做得细，做得好，这些现象是可以避免的。

调解与判决是解决民事纠纷的两种方式，是不可能偏废的。只重视调解，而不重视行使审判权，就会形成久调不决、削弱审判机关职能的现象；只重视判决，而忽视调解，就会偏离民事审判工作十六字方针的精神。一般来说，成功的调解比判决更易收到良好的社会效果，不要因为《民事诉讼法（试行）》没有写"调解为主"，而只写"着重调解"，就不再耐心地去进行调解。

关于着重调解原则的适用[*]

曲 珂

着重调解原则是民事诉讼法的一个基本原则，审理经济合同纠纷案件也完全适用。问题是要结合经济纠纷案件的特点，否则就会出现偏差。当前，在经济审判工作中适用着重调解原则，要注意以下三个问题。

一 关于适用着重调解原则的基础

《民事诉讼法》第九十七条规定："人民法院受理的民事案件，能够调解的，应当在查明事实、分清是非的基础上进行调解，促使当事人互相谅解，达成协议。"

可见查明事实，分清是非是进行调解的基础。有的审判人员忽略了这一点。有些案件是在事实不清，是非不明的情况下，达

---

[*] 此篇是在1986年夏在全国经济审判工作会上的发言，后经最高法院经济庭转发全国。

成调解协议的。这是造成案件质量不高的重要原因之一。

为什么会出现这样的问题呢？主要是由于对经济合同纠纷案件的"事实"与"是非"理解不全面。

在经济合同纠纷案件中，所谓事实清楚，包括的内容有：当事人的资格和诉讼地位；经营范围和经营方式；合同的合法性及履行情况；发生纠纷的原因及产生的后果；原告的诉讼请求和双方争议的焦点；等等。通过澄清这些事实，认定合同的效力、违约责任，选择适用的法律、法规，分清是非责任；然后才能确定处理意见。有些审判人员对经济合同纠纷案件的事实所包括的广泛内容认识不清，往往只单纯地围绕着当事人的诉讼请求，或者双方争议的焦点进行工作，而对经济合同纠纷特有的其他事实不去查证，这就忽略了经济合同纠纷的特点，把经济合同纠纷与一般民事纠纷等同起来了。忽略了经济合同纠纷案件的这一特点，势必出现事实不清、是非不明，适用法律不当的问题。

"分清是非"，就是在查清事实以后，依据各类经济合同所适用的法律、法规和政策，确定当事人各自的责任。依法分清是非也是一项很重要的工作。在查明事实以后，不依法分清是非，进行调解就失去了依据，即使达成调解协议，也仍然会出现错误。有这样一个案例：供方卖给需方花生米 15 万斤，每斤 9 角，总价款 13.5 万元。合同规定分两批交货。合同签订后，需方提交货样，依照合同规定，供方第一批发货 9.6 万斤。需方以质量与货样不符为理由拒付货款，双方发生纠纷。供方起诉到法院。审判人员审查了签约双方的资格、经营范围、合同的内容和条款，双方的履约能力，认定的是有效合同。对双方争议的焦点——花生米的质量问题,做出了认真细致的鉴定。鉴定的结果:货物的各项数值与货物抽样检查的各项数值相比是:货物的完善粒、出芽粒的百分比均高于货样,破碎粒、未成熟粒的百分比均低于货样,平均颗粒重轻于货样 0.012 克。鉴定的结论是:货质量符合合同要求,原被告都同意这一鉴定。可以说,对这一案件的事实查得清清楚楚,但是由于没有依法分清是非责任,调解结果出现了很大偏差,被调解达成的协议就是:(1)已发送的 9.6 万斤花生米由需方收货付款,未发运的货物由供方处理。(2)每斤花生米由原价 9 角降为 8.9 角。既然审查结果是有效合同,供货质量也符合规定,处理只能两种结果:一种是双方继续履行合同;另一种是需方承认中途部分退货的违约责任,赔偿供方的经济损失。上述案例说明,在查明事实后,如不依法分清是非责任,调解结果仍然会出现偏差和错误。总之审理经济合同纠纷案件,适用着重调解原则,一定要在"查明事实、分清是非的基础上"进行。这里提出的"事实"是指经济合同纠纷所涉及的全面事实,不只是当事人的诉讼请求或双方争议的焦点;分清是非,是指在事实清楚以后,依照有关的法律、法规和政策,分清当事人各自的责任。

二 "自愿"的精神

《民事诉讼法》第一百条规定:"调解达成协议,必须自愿,不得强迫。"这里提到的"自愿",包含着两重意思。一个是程序上的自愿,就是指当事人对以调解方式解决问题是不是自愿;另一个是实体上的自愿,也就是指当事人对达成的调解协议是不是自愿。一般地说,大多数当事人对以调解方式解决纠纷不会反对,所以程序上的自愿比较容易解决。关键是实体处理上的自愿,也就是当事人对协议内容是不是真正的自愿。这是我们需要研究解决的一个重要课题。

在经济审判工作中,为了使达成的调解协议贯彻自愿的精神,应该注意以下两个问题。

第一,必须依法。所谓依法,就是指只有当事人明确了解依照法律规定,他们各自享有的权利和应承担的义务后,双方达成的调解协议,才是真正自愿的。在审判工作中发现贯彻自愿精神不够,有少数案件的处理适用哪些法律、法规,审判人员自己昏昏然,当然也不能使当事人明白。还有些审判人员不向当事人宣传解决纠纷应该依据的法律,当事人也就不知道自己有哪些权利和义务。应该说,审理经济合同纠纷案件,在适用法律上存在着复杂性与多样性的问题。处理一件经济合同纠纷案件,往往涉及许多法律、法规、政策、条例,或者是某些部门和地区性的规定,有的还涉及民事法规、刑事法规、行政法规等。即使是简易案件,也不是运用单一的法律、法规所能解决的。所以,有人说,办理经济合同纠纷案件是综合性的执法工作,是有道理的。因此,要贯彻自愿精神,就要做到两点:(1)审判人员要根据案件的特点,认真学习研究应该适用的法律、法规、政策和条例。(2)要向当事人宣传、解释这些法律、法规、政策和条例,使他们清楚地知道各自的权利和义务。在这种情况下达成的调解协议,才能是真正自愿的。

第二，要实事求是，不片面追求调解。一般说，经济合同纠纷用调解方式解决好处很多，但是，不能把调解结案的方式绝对化，也不宜追求调解率。好像是调解率越高，工作成绩越好。实际上调解率的高低，并不反映案件质量的好坏。为了结案省事，片面追求调解恰恰是当前案件质量不高的原因之一。

片面追求调解，出现了一些不应有的问题，例如，有的是事实不清，是非不明达成调解协议；有的调解协议内容不合法，甚至损害了国家利益、社会公共利益或者第三者的合法权益；有个别案件违背当事人意志，强行调解；有些比较棘手的案件，久调不决，打"持久战"，扩大了国家、集体或者个人的经济损失等。依照民事诉讼法的规定，正确适用着重调解原则，是对那些能够调解的经济合同纠纷案件，就进行调解；不能够调解的，就要依法判决。

三 关于处分原则的适用

《民事诉讼法》第十一条规定："民事诉讼当事人有权在法律规定的范围内处分自己的民事权利和诉讼权利。"这条处分原则，既规定了当事人可以自由地支配自己的民事权利和诉讼权利，同时又把它限制在法律规定的范围以内。这就是说，当事人在法律规定的范围以内支配自己的民事权利和诉讼权利是有效的，超出了法律规定的范围实施的处分行为就是无效的。由此可见，处分原则是有限制的。这个限制来源于《宪法》第五十一条："中华人民共和国公民在行使职业权利的时候，不得损害国家的、社会的、集体的利益和其他公民的合法的自由和权利。"

既然处分原则是有限制的,那么,当事人在诉讼过程中,行使处分权时,人民法院就要代表国家进行监督。对于合法的处分行为,就予以承认;不合法的处分行为,就要进行干预,不予承认。从这个意义上来说,处分原则与国家干预原则是密切不可分的。

适用着重调解原则解决经济合同纠纷时,当事人要行使处分权,人民法院进行监督应该注意以下问题。

第一,在经济合同诉讼中,当事人行使处分权,要比在一般民事纠纷诉讼中受到更严格地限制,也就是说,国家干预原则的作用力是比较强的。这是由于在一般民事纠纷案件中,当事人行使处分权所支配的民事权利,是属于个人所有的财产,而且其中绝大部分是生活资料。因此,他们在支配或者放弃这些权利时,随意性比较大,相应地国家干预原则的作用就比较小。在经济合同纠纷案件中,当事人支配的民事权利,涉及的有国家所有的、集体所有的或者个人所有的资金、商品、设备等生产资料,国家为了保障生产领域和流通领域的活动正常进行,制定了一系列的法律、法规、政策和条例,几乎每项经济活动,甚至经济活动的每一个重要环节,都要按照有关的法律规定进行。当事人虽然也可以行使处分权,但是受到的限制就比较多,这就是说,国家干预原则的作用力比较强。我们只有充分认识这个区别,才能在调处经济合同纠纷案件时,帮助当事人正确地行使处分权,恰当支配自己的民事权利,避免与国家干预原则发生冲突,造成违法行为。

第二，当事人行使处分权时，意味着放弃一部分利益。有的人认为，审理经济合同纠纷案件，不能调解为受害方向违约方让步。还有人主张，调解结果与判决结果应当是一致的。这些认识不利于发挥着重调解的作用。应该说，一方违约要依法承担经济责任，但是，事情往往是复杂的，当事人在法律规定的范围以内，行使处分权放弃一部分利益，在以下几种情况应该是允许的：（1）双方当事人都有过错，有些过错还是互为因果的。过错的主要责任与次要责任虽然可以分清，但是造成的经济损失不好准确估算，在这种情况下，无论是当事人一方或者是双方自愿放弃一部分利益，达成调解协议是允许的。（2）一方或双方从自己的长远利益考虑，愿意放弃一部分经济利益，以便与对方继续进行经济往来，这也是常有的。（3）对于过失违约的，且违约方经济上确有困难，并且主动提出减免请求，或者没有给对方造成经济损失的，可以考虑适当地减免违约金或赔偿金。

当然，在调解过程中，审判人员对当事人只能晓之以法，喻之以理，进行说服教育，不应强迫，只有这样，才能使他们完全自愿地行使处分权。

第三，关于全民所有制企业的法定代表人行使处分权的问题。处分权和所有权是分不开的。行使处分权所处置的财产，必须是处分人自己所有权范围以内的。目前，经济体制改革还刚刚开始，全民所有制企业，特别是大中型企业所有权和经营权如何分离、自治权如何扩大等问题尚未得到完全解决，全民所有制企业的法定代表人，对国家财产的处分权必须依据国家的有关规定。如：《国务院关于扩大国营工业企业自主权的暂行规定》指出，工业生产资料属于企业自销的和完成国家计划后超产部分，企业有权在20%以内上下浮动价格。这个浮动的价格就属于企业的处分范围。随着经济体制改革的深入开展，企业自主权的扩大，全民所有制企业的处分权，也随之扩大。但是扩大的范围，也只能局限在它们的自主权以内。因此，对于全民所有制企业参加诉讼的经济合同纠纷案件，由于一方违约，使国家利益受到损失时，如果调解让受害的全民所有制企业放弃违约金、赔偿金或者放弃一部分资金，必须有国家的有关规定作为依据，否则就是错误的。有人认为，由于违约方无力偿付，即使不放弃，做出判决也执行不了。我们认为这是另外的问题。没有处分权，而处分了国家财产，这是原则错误；判决执行不了，到一定时期可以根据财务制度的规定，作为呆账可以冲销，这是合法的。

四 两类不适用调解原则的经济案件

第一，经济行政案件。这类案件是国家行政管理机关根据行政法规，对于违法者所做的行政处罚决定，由于受处罚的一方不服，依法向人民法院起诉的。这类案件的原告是受到行政处罚或者其他行政处理的企业事业单位、其他组织或者个人，被告是行使国家管理职权的主管行政机关。最高人民法院的法（经）发〔1985〕25号文件《关于人民法院审理经济行政案件不应进行调解的通知》指出，人民法院审理这种行政案件，不同于解决原、被告之间的民事权利义务关系问题，而是要以事实为根据，以法律为准绳，审查和确认主管行政机关依据职权所作的行政处罚决定或者其他行政处理决定是否合法、正确。因此，人民法院不应进行调解，而应在查明情况的基础上做出公正的判决：如果主管行政机关的行政处罚决定或者其他行政处理决定正确、合法，应当驳回原告的起诉；如果主管行政机关的行政处罚决定或者其他行政处理决定在认定事实、适用法律方面确有错误，应当予以撤销或者变更。

第二，根据《经济合同法》第十六条第二款，对违反国家利益或者社会公共利益的经济合同纠纷案件，应该追缴已经取得或者约定取得的财产，收归国库，也不应进行调解，必须予以判决。

从经济审判工作看横向经济联合中的一些法律问题[*]

曲 珂

党的十二届三中全会通过的《中共中央关于经济体制改革的决定》，要求各地区、各部门各企业之间"都要打破封锁、打开门户，按照扬长避短、形式多样、互利互惠、共同发展的原则，大力促进横向经济联合，促进资金、设备、技术和人才的合理交流，发展各种经济技术合作联合举办各种经济事业。"近几年来，许多地区都将开展横向经济联合作为搞好经济体制改革的"关键"或者是"突破口"，积极地开展这项工作。目前，横向经济联合体大量涌现，企业集团与企业群体也正在崛起。这是符合社会主义商品经济的客观要求的，也是建设具有中国特色的社会主义经济的必由之路。因此，及时研究探讨横向经济联合体的法律地位问题，对于运用经济法制促进和保障横向经济联合的深入健康地发展，具有十分重要的现实意义。

---

[*] 此篇是在北京市经济法学会的发言，作为1987年6月北京市经济法研究会论文上报到中国经济法研究会。

目前，在经济审判工作中，横向经济联合体的纠纷案件虽然不多，但是从已经发生的案件来看，主要是不懂法、不依法办事的原因所造成的。现在仅就审判实践中遇到的有关横向经济联合的一些法律问题，谈几点意见。

一 不同类型、不同程度的横向经济联合体，具有不同的法律地位

横向经济联合体的内容和形式决定它的法律地位。因此，脱离联合的法律内容，主观地认定组成的是紧密型、半紧密型或者是松散型联营，是违反法律规定的。有一个企业集团，联合了14个单位，在向上级主管单位呈报的章程草案中，确定这个集团包括紧密型、半紧密型和松散型三种联营形式，而且对三种联营的权利与义务都没有具体规定。这种从主观臆想出发，不依照法律规定制定的章程，显然是不具有法律效力的。

横向经济联合的内容和形式多种多样，联合的程度也各有不同，因此，它们的法律地位也是较为复杂的。近几年来，总结了横向经济联合的实践经验，根据有关经济联合的方针、政策，把其中三种主要的联合方式用法律的形式规定下来，这就是今年一月一日起生效的《中华人民共和国民法通则》（以下简称《民法通则》）中规定的法人型联营、合伙型联营、协作型联营。依照法律规定，这三种联营的联营各方的权利、义务和责任，都是不相同的。

法人型联营，依照《民法通则》第五十一条的规定，这种联营应该"组成新的经济实体，独立承担民事责任，具备法人条件的，经主管机关核准登记，取得法人资格。"这样的经济联合体，

是从事生产经营或服务业的全面联合，实行人、财、物、产、供、销的"六统一"，改变企业原来的行政隶属关系，真正成为具有独立财产、自主经营、统一核算、自负盈亏的新的经济实体，可以承担有限经济责任。但是，在审判实践中我们发现，有的横向经济联合体，虽然是组成了新的经济实体，由于企业原来的行政隶属关系和物资财政渠道，仍然受旧的经济管理体制的影响，它们不能独立自主，真正成为法人型联营企业。

合伙型联营，依照《民法通则》第五十二条的规定，这种联营是"共同经营，不具备法人条件的，由联营各方按照出资比例或者协议的约定，以各自所有的或者经营管理的财产承担民事责任。依照法律的规定或者协议的约定负连带责任的，承担连带责任。"这样的经济联合体实行"三不变"，即所有制性质不变、行政隶属关系不变，财政物资渠道不变；"四统一"，即产品方向统一、规划改造统一、生产计划统一、经营管理统一。由于它不是经济实体，不具备法人资格，所以它的民事主体仍然是各个合伙成员，对于合伙企业的债务，联营各方要承担无限责任或者是无限连带责任。

协作型联营，依照《民法通则》第五十三条的规定，这种联营是"按照合同的约定各自独立经营的，它的权利和义务由合同约定，各自承担民事责任。"这样的经济联合的内容是各方独立经营、互相协作。协作的事项，以及各方的权利与义务，都由联营合同规定。因此，它的民事主体仍然是联营各方，独立承担各自的民事责任，而且彼此也不承担连带责任。

以上三种联营形式是截然不同的，它们的法律地位也完全不一样。可是，在实际活动中，许多横向经济联合体，只在合同中写明是那一种联营形式，而没有根据规定的联营形式的法律特征，对联营各方的权利、义务和责任做出全面细致的确定。因此，一旦形成纠纷，不是需要补充合同的主要条款，就是合同无效。这显然是签订合同的各方不熟悉法律的结果。

二 对"联营"的法律概念的探讨

从审理合伙合同和一般联营合同纠纷案件中，对于"联营"的法律概念，主要是法人型联营和合伙型联营的法律概念，做了粗浅的分析，认为这两种联营应该包含以下四个内容：第一，共同投资，包括资金、设备、资源、科学技术、土地场所、人才、信息等；第二，共同经营，参与联营各方要共同进行经营；第三，共享利益，联营各方依据投资比例或所尽的义务，合理地分享利益；第四，共担风险，联营各方依据投资额、利润分配等合理地承担债务。

首先，作为联营，这四个内容是密切不可分的，从民事法律关系上看，这四个内容，有两个是权利性条款，即共同经营、共享利益；有两个是义务性条款，即共同投资、共担风险。要享受权利，就要尽义务。权利与义务必须平等。

其次，在形成诉讼的联营合同中，有很多是只有两个内容，即共同投资、共享利益，缺少另外两个内容，即共同经营、共担风险。对于这类合同，不应该认定为联营合同。例如，一方投入资金、设备，分享利益，不参与经营，不承担风险的，这应该是投资协议，有的或许还是违法的借贷款协议。对于投入科学技术，分享利益，不参与经营，不承担风险的，是科技协作合同，或者是科技转让合同。对于那些投入土地、场所，分享利益的，依据《中华人民共和国土地管理法》第三十六条规定，只有农业集体经济组织，可以将它所有的土地使用权作价出资，作为参加联营的股份。在城市，不允许以土地或房屋作价入股，因为这实质上是变相高价出租土地或者房屋，是违法的。

再次，共同经营是联营的关键性内容。经济联合体建立以后，经营的好坏，是企业兴衰成败的关键。因此，共同进行经营是十分重要的。有的联营合同规定，共同投资、共享利益，共担风险，但是一方不参与共同经营，只图坐享其成，获得利益，结果等来却是风险。还有少数占有经营权的人，违反诚实信用原则，转移利润，克扣外汇，影响了共同利益，酿成纠纷，不参与经营的一方只得吃亏上当。所以经营权是联营中的重心，丢掉了这个重心，必然导致丧失权益。

最后，至于协作型联营，它与法人型联营和合伙型联营，在联营的内容方面有很大区别。虽然它不具有共同经营的特征，可是从"通过协作，发挥各自的优势，弥补各自的不足"的意义上来说，它们在利益和风险的问题上，仍然是有着共同的命运的。

三 要认真贯彻执行地位平等、自愿与诚实信用的原则

为了保障国家的、社会的和公民、法人的合法权益，正确地开展民事活动，我国的《民法通则》规定了五条基本原则：在民事活动中当事人的地位平等；应当遵循自愿、公平、等价有偿、诚实信用的原则；必须遵守法律、政策；应当尊重社会公德，以

及公民、法人的合法的民事权益受法律保护等。这些基本原则是进行民事活动必须严格遵守的。但是，在联营活动中，由于违反地位平等、自愿与诚实信用原则，发生的纠纷是比较多的。究其原因，有些是故意违反这些原则。有的是对一些原则的法律含义不明造成的。

地位平等这是民事活动中的核心原则。它的含义是：第一，联营各方互不隶属，各自独立。不允许任何民事主体利用职位上、业务上、行政上或者经济实力强弱，搞不平等协议；第二，民事主体之间的权利与义务是平等的，既不允许只享有权利不承担义务或者只尽义务不享受权利，更不允许哪个民事主体具有超越法律规定的特权；第三，任何民事主体的合法权益都受法律保护。但是，在联营纠纷案件中，出现了大欺小、强凌弱的现象。如市级单位不平等对待市属单位，全民所有制单位欺负集体所有制单位。这种地位上的不平等，必然导致权利与义务的不平等，是产生纠纷的一种根源。

自愿原则，是指平等主体之间在设立、变更、终止民事法律关系时，都是自愿的。有些人认为没有异议就是自愿，这是不全面的。自愿应该是当事人的真实意思表示。同时，这种表示还应当是合法的，不能借口自愿损害对方的利益、第三人的利益和社会公共利益。如果不合法，国家就要进行干预。因为我们是社会主义国家，经济基础是公有制，所以一切民事活动都要依法进行。由此看来，自愿原则也是衡量一项民事活动是否能产生法律效力的重要依据。

诚实信用原则，这是道德观念的法律化。从这个意义上说明了它在民事活动中的地位。在联营合同纠纷案件中，有的弄虚作假欺骗对方；有的转移、克扣利润。这些都是违反诚实信用原则的。在民事活动中，当事人要诚实，要守信用，这是由我国民事关系的社会主义性质决定的。尔虞我诈、钩心斗角、互相排挤、互相拆台，这都是资本主义制度的产物。

因此，要搞好横向经济联合体，还必须严格遵守诚实信用原则。

总之，既然是横向经济联合，就应该体现"横"的特点，就是民事主体的独立性，权利的自主性，相互往来的协商性。同时，也只有在独立、自主、协商的基础上，才能处理好横向经济联合关系和所发生的问题。

四 人民法院受理横向经济联合纠纷案件应持审慎态度

横向经济联合是建立在"自愿互利、等价交换、风险共担、利益均沾"的基础上，因此，在经济活动中，它要求冲破政企不分、条块分割、各自为政的那种国家行政部门直接参与生产经营活动的旧的经济管理体制，建立一种新的管理体制。这种体制要求"国家对企业的管理逐步由直接控制为主转向间接控制为主，主要运用经济手段和法律手段，并采取必要的行政手段，来控制和调节经济的运行"。但是，在我国目前的经济生活中，毕竟是存在着新旧两种经济体制的并存、交叉和过渡，而且旧的经济管理体制，特别是部门所有、地区所有的行政隶属关系还占主导地位的情况下，一旦经济联合体内部发生纠纷，要求诉诸法律解决的时候，人民法院会感到十分棘手的。特别是有些横向经济联合协议又缺少主要条款，是非、责任难以区分时，对于这样的纠纷，人民法院也会感到无能为力的。所以，人民法院受理横向经济联合纠纷案件，应该采取审慎的态度，尽力要求有关行政领导机关出面解决，如果调解无效，有关行政领导机关也同意提起诉讼时，人民法院才可受理。

  以上几点，仅是通过经济审判工作，看到的有关横向经济联合的一些法律问题，又系一己之见，仅供参考，并予以批评指正。

经济审判适用《民事诉讼法》的几个问题[*]

曲 珣

《民事诉讼法》作为基本法,已从1982年10月开始试行。7年多来,人民法院适用它解决了大量的国内民事纠纷案件、经济合同纠纷和一部分涉外案件。在诉讼程序方面取得了不少经验,也遇到了一些新情况和新问题。特别是在经济审判工作中,发现民事诉讼法中有些条款不完全适用于经济合同纠纷案件,有待补充和修改,现提出几个问题共同研讨。

一 关于起诉的条件问题

《民事诉讼法》第八十一条规定了起诉的三个条件,其中第一条是"原告是与本案有直接利害关系的个人、企业事业单位、机关、团体";根据这一规定,只要是与本案有直接利害关系的个人或组织,就可以做原告。这对于一般民事纠纷案件确定当事

---

[*] 本篇署名职务是北京市经济法研究会顾问、北京正大律师事务所副主任曲珣,是参加1989年召开的市经济法研究会论文。

人的诉讼地位是确切的。如民事财产权益诉讼，是双方对财产所有权发生争议而引起的，这争议的双方就确定了他们的诉讼地位。但是经济合同纠纷与一般民事纠纷不同。经济合同纠纷案件当事人的诉讼地位，是由经济合同决定的，也就是说只有具有经济法律关系的人才能建立诉讼关系。这是经济合同纠纷区别于一般民事纠纷的一个特点。依据这个特点，原告与被告之间，仅仅具有直接利害关系是不够的，还必须具有由经济合同确定下来的权利义务关系。有了这个权利义务关系，才能产生诉讼关系，才能在同一诉讼中占有不同的诉讼地位。忽略了这一点，就会出现诉讼资格不合格的现象。由此可见，仅以"有直接利害关系"来确定经济合同纠纷当事人的诉讼地位，是完全不适应的。因此，对这一条起诉要件应该进行补充和修改。

二 关于着重调解原则的适用问题

在审理民事纠纷过程中，着重采取调解方法，这是我国民事诉讼法的基本特点之一。这在民事诉讼法的总则、一审程序、二审程序以及执行程序中都有相应的规定。但是，在审理经济合同纠纷案件中，着重调解原则能不能适用，以及怎么适用，是有很大争议的。有一种意见认为，在审理经济合同纠纷案件中，着重调解原则不适用。因为经济合同纠纷双方当事人的权利义务，是由有关的法律、法规、政策和条例明确规定了的，只要依法判决就可以了，不必要再进行调解解决。另一种意见认为，着重调解原则对审理经济合同纠纷案件基本上是适用的，但是必须结合经济合同纠纷的特点，否则会出现错误。这是经济合同纠纷案件与

政法老兵的背影

一般民事纠纷案件又一个不同的特点。如何适用着重调解原则呢？

首先，《民事诉讼法》规定，调解应当在查明事实、分清是非的基础上进行。一般民事纠纷案件只要查清楚当事人的诉讼请求或者争议焦点所涉及的事实，是非也就分清了。对于经济合同纠纷案件，不仅要查明当事人的诉讼请求或者争议焦点，还必须查清认定合同效力的有关事实，这一点是十分重要的。因为有效合同受法律保护；无效合同不受法律保护，而且只有在认定合同有效以后，才能选择适用的法律法规、政策和条例，才能分清当事人各自的责任。

其次，《民事诉讼法》第一百条规定，调节必须贯彻自愿精神。如何贯彻自愿精神，一般民事纠纷案件与经济合同纠纷案件也是不同的。在一般民事纠纷案件中，只要当事人的意思表示是真实的，不带有任何强迫性，这就是自愿的表示。但是，在经济合同纠纷案件中，仅是当事人的意思表示是真实的还不够，这种表示还必须是合法的。所谓合法，具有两种含义：一种含义是，由于解决经济合同纠纷案件，在适用法律上存在着复杂性和多样性，处理一件纠纷，往往涉及许多法律、法规、政策和条例。因此，当事人必须明确了解依照哪些有关的法律、法规，他们享有哪些权利和承担哪些义务以后，在此基础上双方达成的调解协议，才是自愿的。另一种含义是，在调解过程中，当事人要行使处分权，人民法院要代表国家进行监督，对于合法的处分行为，就予以承认；不合法的处分行为，就要进行干预。这就是要实施国家干预原则的问题。例如，全民所有制的法定代表人，在行使处分权时，必须依照《中华人民共和国全民所有制工业企业法》和其他有关规定，在企业自主权的范围内处分自己的财产。否则，他们行使处分权时，超出了企业自主权利范围，放弃了属于国家的财产或国家利益时，即使是意思表示是真实的，完全出于自愿的，也是无效的，也要受到国家干预原则的制约的。

综上所述，在适用着重调解原则时，无论是查明事实、分清是非，还是贯彻自愿精神，审理经济合同纠纷案件比审理一般民事纠纷案件所包含的内容，都是不大相同的。因此，在经济审判工作中，适用着重调解原则是应该认真加以修改和补充的。

三 国家干预原则应作为经济审判工作的一个基本原则，国家干预原则对于审理经济合同纠纷案件具有很强的作用力

这是经济合同纠纷与一般民事纠纷的又一个不同特点。国家干预原则的作用，可分为两个方面。一方面，国家为了保障生产领域和流通领域的活动正常进行，制定了一系列的法律、法规、政策和条例，几乎每项经济活动，甚至经济活动的每个重要环节，都要按照有关的法律、法规进行。否则，就是违法行为，国家就要干预。如，签订经济合同时，签约方的主体资格是否合格，代理人有无超越代理权限，合同内容是否合法。在购销合同中，经营项目是否符合经营范围，有无套购重要生产资料进行倒买倒卖或者违反国家物资分配计划等行为，在建筑工程承包合同中，是否经环境保护部门批准就签订了建设工程设计合同，或者是违背国家批准的投资计划，擅自增加基本建设项目而订立的合同，等等。这些行为都要受到国家干预原则的限制。

另一方面，国家干预原则还表现在当事人行使处分权时，国家要进行监督。也就是说，在诉讼过程中，当事人处分自己的民事权利或诉讼权利时，人民法院对于当事人不合法的处分行为，要代表国家实行干预。审判实践证明，国家干预原则的作用，在经济合同纠纷案件中比在一般民事纠纷案件中要强得多。这是因为，在一般民事纠纷案件中，当事人行使处分权所支配的是属于个人所有的财产，而且其中绝大多数是生活资料，因此当事人行使处分权时，随意性比较大，相应地国家干预原则的作用就比较小；在经济合同纠纷案件中，当事人行使处分权时，支配的是涉及全民所有、集体所有或个人所有的资金、产品、设备筹生产资料，国家为了维护生产和流通领域的正常秩序，制订了一系列的法律、法规、政策和条例，所以当事人行使处分权时必须合法，因此受到的限制比较多，这证明国家的干预政策是比较强的。

由此可见，国家干预原则在经济审判工作中，是具有突出的地位和作用的，应该把它列为程序法的一个基本原则。

此外，还有一条款是需要补充修改的。例如，关于诉讼保全和先行给付的规定，审理经济合同纠纷案件运用得比较多，对于一个经济实体如何正确地使用查封、冻结手段，既能维护当事人的合法权益又不影响该经济实体的正当活动，还必须对原有条款做出防止滥用这些手段的补充规定。再有，对于简易程序和第二审程序中的书面审的规定，在审理经济合同纠纷案件中，显然不适用的。

《民事诉讼法》是1982年3月颁布的，在起草民事诉讼法时，只吸取审理一般民事纠纷案件的经验，因为当时经济审判工作刚刚起步,对它的规律和特殊性还缺乏认识,更谈不上总结经验。现在经过8年左右的司法实践,特别是近几年来多方面的努力,经济法理论体系正在形成,对经济合同纠纷所具有的特点,也逐渐有更多认识,初步感到《民事诉讼法》对审理经济合同纠纷案件已开始有不适应,将上述问题提出仅供研究并予以指正。至于这些问题能否在将来编写《经济诉讼法》,或者是补充修改《民事诉讼法》时予以采纳,这是不敢奢求的。

幸福的感言

曲 珣

我们这些离退休老同志能享受快乐健康、幸福的晚年生活，离不开党的关怀，离不开各级组织对老同志的关心照顾，离不开社会的科学发展，也离不开社会和家庭的和谐和睦。国家富强是我们生活幸福的基础。改革开放30多年来，国富民强，成绩斐然，特别是近几年发生了几次震惊世界的大事。"5·12"汶川大地震动，虽然给国家和人民造成了巨大的损失，但是由于党和政府应对得当，不仅广大群众拥护，也受到了世界各国的赞许；2008年举办了第29届奥运会得到了运动员和世界人民的称赞，被国际奥委会主席罗格美誉为"无与伦比"的盛会：六十年国庆大典，壮了军威，振了国威；刚刚举办的世界博览会受到了世界各参与国的重视，展示了他们的高科技产品和独特的文化，取得了圆满的成功。所有这些说明了我们国家正在复兴的道路上奋勇前进。这正是我们今天幸福生活的基础。

---

* 此文刊于《北京老干部》2010年第12期。

曲珣作品

社会和谐是我们生活幸福的保证。以人为本，建立和谐社会的方针政策，是完全正确的，是非常成功的。现在各条战线、各个单位都在树立为民、便民的指导思想和开展实际工作。我们司法战线为了建设和谐社会，把调解工作贯穿到刑事、民事、经济等各项工作中，取得了辉煌的成绩。离休后，老干部得到机关老干部处无微不至的关心和照顾，组织我们进行政治学习、旅游、休养，丰富了我们的老年生活。这是我们老年幸福生活的基本依靠。现在街道居委会的工作，也在给予老年人关心和帮助。他们组织旅游、书画、棋牌活动，给老年人配备专用手机，最近还为部分老年夫妇组织了"金婚庆典"，也邀请我们参加了。所有这些活动，都是构建和谐社会的组成部分，它让人民群众体会到党和政府的关心和温暖。

家庭和睦让我们的生活幸福美满。我和老伴都80多了，身体健康，精神愉快，生活乐趣多多；孩子们工作有成，不用我们操心，也都很孝顺，姐弟、兄弟之间非常和谐；第三代两男两女，两个博士、一个硕士，最小的正在上小学。在这个家庭里生活是十分愉快的。

在感想之余，我不禁联想出以下词句：

兴中华，振国威，人民欢庆。
家和谐，心态平，怡乐晚年。

好友追忆

关于刊印《新闻资料》的回忆[*]

傅 青

《新闻资料》是北平地下党学委在解放战争时期出版的一个油印刊物,内容是选编解放区广播电台记录新闻和时事评论,供党的地下组织和一些进步群众阅读,使他们及时了解党的方针政策和解放战争的形势。从1947年9月到1948年7月,在近一年的时间里,出版《新闻资料》30多期,还刻印过党中央领导同志的重要讲话,也印刷过大量宣传品,在地下党的宣传教育工作中,发挥了重要作用。

《新闻资料》的出版工作是在地下党学委领导下,于1947年9月,由李营同志筹办起来的,工作人员有傅青和曲珣。1948年春,地下党学委建立了一个小组,由黄甘英同志任党小组长,陆元炽同志负责编辑,曲珣和傅青二人继续担任收听记录新闻和刻印出版等工作。1948年夏,国民党反动派垂死挣扎,大搞白色恐怖,地下党学委决定《新闻资料》停刊,党小组解散。以后由李

---

[*] 此文是傅青与曲珣商议后由傅青执笔,收录中由本书作者删去曲珣署名。

政法老兵的背影

营同志安排转移到方程同志家中，由傅青同志完成了《四大家族》一书的刻印工作，1948年7月工作即告结束。

1947年夏，曲珣和傅青二人在北平市立第三中学高中毕业，在这届高中生中有一个地下党的支部，共5名党员，由地下党学委于英同志领导。曲珣和傅青二人没有考上大学，和于英商量过以后的工作和生活出路。8月底，于英同志通知说，党组织打算出版秘密刊物，你们二人参加这项工作，由李营同志领导。

9月初，李营同志来找我们，他说党组织准备利用傅青家做掩护，收听解放区广播电台的新闻，出版油印刊物，你们二人担任收录新闻和刻印工作，要求傅青做好家长工作。傅青的父亲政治上比较开明，支持子女参加进步活动，尽管为党的秘密工作作掩护要担很大的风险，但是一说就满口答应了。

李营同志用自行车陆续带来了收音机、油印机、钢板等器材和誊印工具，又拿出一些银圆用来买纸张和油墨等消耗用品。曲珣是一位无线电爱好者，他把一小段铜线比较隐蔽地固定在屋檐下，拉到室内做收音机的天线，经过调试，终于能够收听到延安新华广播电台的声音了。但是，由于收音机质量比较差，再加上国民党电台用很强的电波干扰，收听记录新闻时断时续，记录下来的文稿缺字断句的很多，不能成章，无法刻印出版。

李营同志知道后也很着急，很快，他用自行车驮来一台大型收音机。这是一台灰色外壳，装有9只电子管的3波段美国军用收音机。装上调试之后效果很好。我们把音量控制到最小，收听延安新华广播电台的播音非常清晰，国民党电台的干扰再也不起作用了。

第一批记录下来的新闻稿件出手了，我们十分高兴，很郑重地

好友追忆

交给李营同志，由他拿去进行编辑，送回来时，同时带来了刊物的题名，四个写得很漂亮的行书体字"新闻资料"，不知道出自谁的手笔。我们把这四个字勾画在蜡纸上，下面列出几行本期要目，就是刊物的封面了。和李营同志商量后，就确定以32开本出版。

我们两个人分工刻蜡版，一起印刷装订，经过几天努力，刊物终于印出来了。但是因为刻印技术不高明，不少地方模糊不清，第一期只印了几十份蜡纸就不行了。李营同志鼓励我们，想办法提高刻印技术，把任务完成好。我们一方面试用市场的蜡纸和油墨，从中选出质量比较好的产品来使用；另一方面又练习刻蜡纸，不断提高印刷技术，提高了刊物的刻印质量，逐步增加了数量，从一张蜡纸只能印几十份很快提高到二三百份，以后稳定在500份的水平上。每期的篇幅大约有20页左右。

李营同志经常对我们进行纪律教育，他指出收听印刷工作是党的地下工作中的秘密工作，向我们提出了具体要求。一是和其他的地下党组织和个人不发生横向的联系；二是不参加群众活动；三是不随便携带传递印刷品，发行工作由组织上另行安排。开始时，由李营同志取走，领导过三中地下党支部工作的于英、黎光同志也来取过，以后由交通员来取，或是由我们送到指定的接头地点。我们深居简出，每天凌晨收录邯郸新华广播电台两个小时记录新闻，夜晚收录延安新华广播电台两个小时记录新闻，然后加以整理。收听和记录工作大都是傅青担任的。由于他的住房临近街面，特别是夏天收听记录时也要门窗紧闭，以防被过路人听到一点动静。因此，这一早一晚的工作是十分难熬的。《新闻资料》大约每个星期刻印一期，工作量很大，只有全力以赴才能完成繁重的任务。

为了保证安全，我们采取了一些措施，千方百计地把器材分散隐蔽起来。采购油墨纸张，分头小批量地在几个文具店购买，以防引起人们的注意和怀疑。国民党反动派经常在大街上突击搜查行人，我们在《新闻资料》封面上另加一个伪装的封面，如"木刻集""唐诗三百首"等。由于党组织的严格要求和周密安排，我们在工作中谨慎从事。没出过一点纰漏，保证了出版工作安全完成任务。

地下党学委对出版《新闻资料》的编辑方针，宣传报道的内容和重点，根据形势的发展，及时提出具体的要求。《新闻资料》开始出版时，以主要篇幅报道解放战争的捷报，党中央对形势的分析和向中国人民发出战斗号召。1948年三四月间，中国人民解放军两次攻克洛阳，公布了"约法三章"，党中央的政策，基本上适用于新解放的城市，以后就突出刊登有关城市政策方面的报道和通讯，同时也注意宣传土地政策，并介绍解放区的一些情况。

1947年10月，延安新华广播电台公布了《中国人民解放军宣言》《中国人民解放军口号》《中国土地法大纲》，我们日夜奋战，赶印了1万多份，由地下党组织转发给基层支部，利用各种条件，广为传播，向人民群众宣传党的政策。

1949年12月底，延安新华广播电台播出了毛泽东同志的《目前形势和我们的任务》这一光辉文献，李营同志要求刻印2000多册，教育和鼓舞广大党员和人民群众，迎接即将到来的中国人民革命新高潮。

好友追忆

《新闻资料》发行到地下党的基层支部，使广大党员及时了解党的方针政策和解放战争的形势，对工作起着重要的指导作用。基层党组织也把它作为重要的文件，组织党员和进步群众阅读和学习，在党内外发挥了重要作用，取得了很好的宣传效果。

由于我们严格遵守秘密工作的纪律，《新闻资料》一份也没有保留下来。当时，我们是具体工作人员，不了解全面情况，加上事隔40多年，以上回忆肯定有不准确的地方，希望了解情况的同志补充修正。

敌后激昂号角声

——回忆解放前夕震动北平的革命传单事件

魏有仁

1948年年底，古城已到了黑暗的尽头。解放军兵临城下，枪炮声日夜不绝于耳。城内国民党守军已成瓮中之鳖，犹作困兽之斗，笼罩一片恐怖气氛。但新年后，就在他们鼻子底下，突然冒出大批革命传单，全文刊载毛泽东的新年献词《将革命进行到底》，使敌人大乱阵脚。这是谁如此大胆？人们大概很难想象，这不过是几个不满20岁的毛头小伙子干的。敌人万没想到，这么玩儿命的地下工作就在王府井闹市他们眼皮底下完成的，而且就在他们眼前从容带着传单离去。我是当年事件的亲身经历者之一，事件主角是中学同学傅青和曲珣。2006年我们几个聚会回忆了一些细节。今年是这一事件的57周年，我们有责任记录下这段历史。

一 地下据点：小绒线胡同10号

1947年，我从北平市立三中毕业，考入燕京大学新闻系。三中是一所进步力量较强的中学，教员及学生中都有中共地下党员，有党的支部。我就是在他们的影响下走上革命道路的。李国翰和傅青在1946年暑假到张家口解放区参加了党的暑期学习班，并入了党。他们秘密带回了一些革命文献和书籍。我上燕大后和他们经常联系。毕业后他们受命筹备党的地下刊物《新闻资料》，据点设在西四北小绒线胡同10号一座小三合院，就是傅青的家。在那里安装了一台美国军用收音机，有很强的抗干扰性能。傅青负责收听，记录，并与曲珣共同刻蜡版、油印、装订，向外秘密发送。工作危险而艰苦，随时都要应付敌人的突击搜查。

1947年年底，延安电台全文广播了毛泽东12月25日在党中央会议上所做报告《目前形势和我们的任务》。这是在革命胜利前夕鼓舞了全中国人民的重要文献。他们连夜收录，刻印，装订成64开本的小册子，共印发了2000多册，造成极广泛的影响，也使敌人十分惊恐。由于地下党的保密纪律十分严格，敌人明知城内有共产党地下组织，但苦无对策。那时我已在燕大上学，住在校内，每周一次进城回家，也去和他们见面。我虽然还未入党，但已是受信任的培养对象，都能看到《新闻资料》，有重要的还交给我去散发。

二 地下斗争中"火线"入党

1947年年底，已放寒假，地下党的一位代表化装来我家访问，入党介绍人李国翰（也是三中老同学）事先通知了我他叫"老李"，告诉了接头暗语。这次家访实际上就是一次入党前考

政法老兵的背影

察。在我的卧室和他单独见面。他问了几个问题，了解了家庭背景，听我谈了对党的认识后就离开了。过了年，我被告知入党已得到批准，那年我刚满19岁。开学后，一位社会系的高班同学来找我，彼此对上接头暗号后，悄悄通知我党的关系已转到燕京大学支部，以后就由他与我单线联系。他告诉我候补期是6个月，并说了几点保密纪律和注意事项，例如按期缴纳党费，行动注意隐藏等。那时我从三中考上燕大后还一直留着光头，他说整个燕大只有你这一个光头，太显眼，惹人注意，你改改吧。我们的接头地点就在燕南园杂草丛生的荒地里。按照地下工作的纪律，二人接头时必须分散而来，再分头离开。此时天色已晚，等他走后，我独自在夜色中仰望耿耿星河。这里没有红旗，没有宣誓，更没有歌声和鲜花，只对着广阔无垠的天空，胸中又响起保尔·柯察金的那句名言："人的生命只有一次，生命是应当这样度过的；当回首往事时不因虚度年华而悔恨，不因碌碌无为而羞愧……"我就这样走上了革命道路。

好像老天要考验我，入党后不到半年就发生了"8·19"大逮捕事件，还为掩护一位上了黑名单的女同学而被敌人逮捕。好在入党前就做好了一切心理准备，在这突如其来的遭遇面前我还能沉着应对，面对敌人的吼叫和威胁没有畏惧，和敌人周旋到底，使他们得不到任何东西。最后由燕大训导长严景耀教授找到我的下落，和当局严正交涉后迫使他们无条件释放。入党后的第一次考验就这样通过了。

暑假中我考入北京大学理学院医预系，党的关系也转到北大。来和我接头的是一位高班同学。"我党内化名叫王立，"他自我介绍说,"你就叫王正吧。咱俩合起来就是立——正,哈哈!"他幽默的开场白一下消除了陌生感。开学不久淮海战役打响,不断传来胜利的消息。国民党到了这个时候还自欺欺人,居然挂出横幅标语"庆祝徐州会战大捷",实际上兵败如山倒,实在可笑。

经过"8·19"事件,根据形势的变化,地下党调整了斗争策略,撤退了一批骨干,不再发动大规模的群众运动,保存和积蓄力量,准备迎接解放。国民党当局面临军事上失利的局面,已感受到崩溃的威胁,更加紧了后方统治区内的镇压,加剧了白色恐怖,尤其要消灭心头之患中共地下组织。

三 在敌人的脑后吹响了进军号

很快到了1948年年末。城内形势愈发紧张,为制造恐怖气氛,敌宪兵队身背大刀站在敞篷卡车上虎视眈眈,扬言发现任何可疑分子就地正法。白色恐怖已到极点。12月31日,毛泽东发表新年献词《将革命进行到底》,延安电台全文广播。原来设在小绒线胡同的地下据点已在当年7月撤离,但这一重要文献必须立即印出来在北平散发,任务十分紧迫。新年后的一天,傅青和曲珣突然来北大找到我,要我尽快帮助找一个安全的地方完成这项任务。正好我认识一位父亲的朋友石医生在王府井大街开了一个整形外科诊所。那里有一间小阁楼闲着。石医生和我很熟,把钥匙给了我,说如果学校住着不方便就可以来这里住。我想那里地处闹市,反而更安全,就立即带他们赶到那里,把文件和油印器材也带去,当晚便开始工作。这里接近王府井南口,斜对着东

政法老兵的背影

单三条,每天有一大群搞银圆投机买卖的黑市商人从事交易,黑压压一片,一边手上掂着"袁大头"叮当作响,一边叫嚷"买两块,卖两块!"熙熙攘攘,人声嘈杂,藏身这一地带更易隐蔽。南边过了东长安街就是东单操场,大批国民党守军在这里连夜爆破准备建机场。入夜爆炸声更大,隆隆声不绝于耳,窗玻璃都抖动了。我们就在爆炸轰鸣声中经过几个通宵的工作,印刷了一批迎接北平解放的传单和这个文献小册子,完成了这一重大使命。虽然紧张疲劳,但很兴奋自豪。天亮后我们伸伸懒腰收拾现场,把一批批的传单和小册子藏在口袋里。傅青建议给这位好心的房东石医生一份宣传品。我很同意,其实这位大夫已见到过傅青他们进出,但一直没向我打听,佯装不知,他是一位同情革命的朋友。我拿出一本悄悄塞在他们卧室门下,不辞而别。这时外面的宵禁已解除,我们带上东西分别混入那嘈杂的人流,在全副武装的敌宪兵面前扬长而去。我忽然想起"大隐隐于市"这句古语,不禁笑出了声。这次我把小册子带在身上,利用燕大校车为掩护,躲开西直门岗哨的搜查,到学校后散发。用红色油墨印刷的这本重要文献我还留下了一本,这篇文献的记录稿是傅青同志用钢笔在普通练习本的横格纸上写的,我也一直珍藏着。新中国成立后经历几十年的动荡不安,包括"文化大革命"和下放西北,我一直细心收藏,至今完好无损。今年我们聚会时我特意带去给他们看,都说这是唯一留下来的一份了,它是历史的见证。

这本小册子的背面,有我当年用繁体写下的两行字:"纪念我们地下斗争的火红的日子;纪念我们生死与共的战斗的友谊。"翻开这本发黄的小册子,在正文的前面编者还加了一段激情洋溢

好友追忆

的《前言》，现在读来仍有感染力，摘录几句："一切热爱祖国，热爱人民，盼望光明，盼望胜利的朋友们！这是中国共产党毛泽东主席对时局的报告。这是光明的文献，胜利的文献，伟大的文献。""一口气读完它吧！让这伟大的文献鼓舞你的斗志，让它变成力量，勇敢地战斗下去。把它转给你善良的亲友吧！让他们也听到人民胜利的号角，挺起胸膛迎接新的生活！天要亮了！中国人民苦难的日子要结束了！""让我们团结起来，在这一文献的照耀下，冲破黎明前的黑暗，迎接新中国的来临！"

几天后这批重要文献和传单陆续散发出去，给黎明前的黑暗带来了光明。这次传单的突然出现实在出乎敌人意料。他们本以为经过"8·19"的打击，地下党已失去战斗力，起码翻不起大浪；很多同情革命的市民也觉得在白区的革命活动已陷入低谷，只盼早点解放了。没想到在如此严重的白色恐怖下大批革命传单和毛泽东对时局报告的印刷品"从天而降"，对广大群众产生极大的心理影响。对国民党统治者而言，所带来的冲击也可想而知。这篇新年献词具有很强大的号召力，这批宣传品的出现等于在敌人的脑后突然吹响了冲锋号，必然使他们惊慌失措，也使他们感到大势已去，其影响是不可估量的。这篇革命文献的开头第一段就向全世界宣告："中国人民将要在伟大的解放战争中获得最后胜利。这一点，现在甚至我们的敌人也不怀疑了。"果然，不到一个月，1949年1月30日，北平宣告和平解放。

不久，解放军举行盛大的入城式。那一天我们站在新街口大街，挥动着旗子迎接大军进城。我们日夜翘首盼望的解放大军来了！军乐队奏着雄壮的中国人民解放军进行曲，后面是带着皮帽，扛着枪，满面红光带着胜利微笑的四野子弟兵，踏着整齐的步伐，雄赳赳走来。"人民解放军万岁！"我们情不自禁欢呼雀跃，不知何时热泪已滚落胸前，我身旁的女同学更是哭得两眼红红的。有的小伙子们索性爬上解放军的野战炮车，在大炮筒上贴上欢迎标语。战士们也笑了。这一天整个北京城沸腾了，千年古都焕发了青春。

历史从此翻开了新的一页。

四 60年后回首人生

2006年5月的一天，我们四名北平解放前的地下党员在曲珣家聚会。当年的热血青年，如今已是雪染双鬓的离休干部了。60年前我们还都是十几岁的中学生，以后相继加入地下党，在斗争的第一线经受了严峻的考验和磨炼，在斗争中成长。现在我们能拥有一个安定、温馨的晚年，也都算健康，已是很幸运了。想起革命道路上牺牲了多少人，我们就是幸存者。回顾60年前，我们曾用热血和信念谱写了自己的青春。我们聚会时，再次回忆了北平解放前夕在地下党领导下秘密印刷和散发革命传单的事，使人民鼓舞，敌人惊惶，而秘密据点就隐蔽在他们眼皮底下。

不久前，我还去那里看过当年的"石大夫诊所"旧址，也就是隐藏我们临时印刷点的那座楼。如今那一带繁华无比，商厦林立，旧址对面盖起新华书店大楼。行人摩肩接踵，一派太平盛世景象。当年的白色恐怖早已成为历史烟云。历史上的革命者抛头颅洒热血，把生死置之度外，其精神力量源于信仰。我们不能只

好友追忆

沉醉于今日的灯红酒绿，纸醉金迷，而淡忘了历史，淡忘了先辈们为之前仆后继的信念。

历史无情，我们不要忘记。

2006 年 7 月 1 日

又一点感想

北平宣告"和平解放"，解放军在民众欢呼声中举行了入城式，那个场面是很难忘的。历经灾难的中国人民对中国共产党寄托厚望，期待着在和平环境里安居乐业，建设民主、富强的新中国。共产党执政后为人民做了许多好事，进城后干部作风清廉，禁赌、禁娼、铲除黑恶势力，人心为之一振。党风正，引导社会风气也非常好。不过后来一些干部滥用权力和脱离群众的现象逐渐严重，腐败也随之日渐滋长，损害了党的形象。各种政治运动，特别是长达十年、众叛亲离的"文化大革命"，更违背了当年的建党宗旨，严重破坏了党的声誉。

历史说明，革命党在执政后要经受更大、更艰巨的考验。而最大的危险莫过于脱离群众，在和平环境中滥用权力、搞特权、享乐、懈怠乃至腐化，这比外来的威胁危险百倍。我们走过的弯路说明了这一点。国内外一些政党的兴亡也证明了这一点。

我们执政后常常说一句话："人民江山是我们用枪杆子打下来的。"还有人说："老子打江山，老子坐天下。"前面那句话不准确，没说到根本；后面的话不正确，"农民起义"的封建味道太浓厚。当年国共内战打败国民党的重要条件之一是人民的支持。如果说枪杆子，国民党的武器比我们更多，有更精良的美式装备，为什么短短 4 年就失去江山？不全是输在枪杆子，而是输在失去民心。"得人心者得天下，失人心者失天下"，这个铁律对谁都一样。应该明白：当年"打江山"是为了解放人民，让人民做主人，而不是为了自己"坐天下"，这是革命的根本问题，含糊不得。

（2015 年 10 月补增。追记：曲珣同志在 2015 年 4 月 10 日因病去世，当年的"三人行"，只剩我和傅青了。）

怀念曲珣同志

慕 平

读了曲雯同志写的回忆文章,感觉很亲切。不仅再次回忆起曲珣同志的音容笑貌,而且也感受到他们父女的浓浓亲情。2013年年初,我重新回到法院工作。[①] 当时就计划抽时间走访高中级人民法院曾经一起工作过的老领导老同志,但因公务繁忙,直到去年春节前夕才在老干部处同志的陪同下去家里看望老曲。当时他已重病身体虚弱,但说话仍如以往一样亲切平和。临走时,我询问他在治疗和生活方面还需要什么帮助,他说和曹立昆同志一起刚把一套藏书捐给法院,算是了却一桩心事。看到他此时拖着病体心里仍想着法院建设,敬佩之心油然而起。

曲珣同志是新中国成立前参加革命的老党员,也是老法院。我们的直接接触是他从西城法院调回高院,在高刑督导组工作这段时间。我对他印象最深的有两点:一是敬业。不论大事小事,也不论难事易事,只要工作需要,他都一点不马虎地去做,体现了一个老党员对党的事业忠诚负责。二是亲和。老曲资历老,又

---

① 2013年1月28日,慕平当选北京市高级人民法院院长。

当过院长，但没有一点儿架子。他很善于做思想工作，单位的同志在工作或生活中遇到难题都愿找他聊。他乐观大度，善解人意，所以很有人缘。我们这些曾经一起工作过的同志都很怀念他。

  曲雯同志收集整理的资料，不仅对怀念她的父亲有意义，对传承北京法院优良传统也有意义。因此，我觉得可以修改精简后整理成书。我也希望老干部处多收集整理一些类似有关老同志的传记、回忆文章送给院史办作为资料保存，用于教育后人。

2016 年 11 月 18 日

好党员、好干部、好朋友
——忆曲珣同志

唐占蕴

我1963年在北京市中级人民法院刑三组当组长，曲珣同志1964年从市五人小组调来法院工作，待了不到一年，去了房山法院。他在我们那里是过渡，熟悉情况。到房山不到半年，刚刚熟悉了情况，"文化大革命"开始了。我们约好周日谈谈情况，结果曲凯来了，说他爸来不了。后来就失去联系。"文化大革命"结束后，1978年我回到市高级人民法院来了，1983年他到了市高级人民法院，在刑庭我们又在一起。我在刑庭当庭长，没几天他到经济庭当庭长（1984年6月27日，先到市中级人民法院经济庭，后到市高院经济庭）。我们俩认识了50多年，真正在一起工作也就两年（1964—1965年和1983—1984年）。我对他的印象有三点。

第一，从市里来的，是一个有党性、守纪律的人。他经过几起几落，没有不满，没有牢骚，不讲价钱，党性强。从调动上让去哪儿就去哪儿可以看出，是位好党员。

政法老兵的背影

第二，我最深的印象，他聪明好学，有工作经验、社会经验，知识比较丰富，是有领导能力的好干部。他没学过法律专业，但很用心，能扛大梁，当院长，善于学习。我们一起交谈工作研究案件，他很快就熟悉了情况。从他迅速进入情况看，虚心好学。他经验丰富，在几级法院都干过，郊区、山区、城市都干过，能全面地看问题，他是有全局观点，能力相当强的好干部。

第三，青年人遇到问题、难题，找他帮助研究，他总能耐心地解释、分析，找出解决办法，对同志提高很有好处。他是好兄长，好朋友。他关心同志，关心集体。刑三组布置办公室，他写了条幅"人类要不断总结经验，有所发现，有所发明，有所创造"，是当年毛主席的一段语录。这是庭里的第一份贴在办公室里宣传毛泽东思想的条幅。

他是老同志，老领导，老朋友，老大哥。老曲人好，值得怀念。

2016 年 4 月 25 日

曲院长在房山

宋 湘

1965年11月中旬，曲珣院长调来房山县法院。当时，法院只有18人，他来增至19人，一直到"文化大革命"法院被彻底砸烂人员再无变化。

曲院长初到，我们曾私下分析，他可能不久将被扶"正"，接替鲁敏生任院长，鲁将调回市院。1966年将是换届选举年。我们私下议论：曲院长从市委政法部下基层锻炼，有数年留苏的经历，是市委常委、政法部长刘涌的秘书，写得一手好字，一手好文章，谈吐不凡，属精明强干的年轻高知。曲院长到任后，约在1966年年初，鲁院长即被县委抽调下乡"蹲点"（县委给各机关分配改造落后村任务，各机关领导带人常年驻村帮扶）。鲁院长下乡后，曲院长即主持院里工作。一些公文、法律文书的内部审批即曲院长签署，对外当然还要以鲁院长的名义。

当时，民事审判工作的方针是"依靠群众，调查研究，就地解决，调解为主"，因此基层调解工作是法院一项很重要的任务。曲院长到房山立即深入基层狠抓调解组织建设。1965年年底，他

政法老兵的背影

就带我（我当时在办公室工作，负责上报下达的公文起草工作，是法院多年的"笔杆子"）到东南召公社（重点是务滋大队）抓调解组织的建立与发展。我记忆非常深刻的是，在他指导下，我采访汇集整理出许多民调工作的信息、案例、故事，编辑成《人民调解周刊》，用打字机打印出来，上报县委市院，下发各乡镇。这样以点带面地指导全县工作，假以时日，必将在基层民事调解工作上做出突出成绩。可惜不久，"文化大革命"开始，工作半途而废。而且，后来军管期间，一些无知的人们竟把法院二十多年的全部文书档案，当然也包括我们的《人民调解周刊》，装入麻袋拉到燕京造纸厂化为纸浆！

我和曲院长在房山法院3年多，真正一起工作只有短短的半年。1966年6月"文化大革命"开始。6月间，鲁院长和曲院长带领全院十几个人，早晨骑自行车去清华、北大看大字报，夜色中骑车回房山。当时人们根本不理解运动会怎样发展。旧市委被砸烂，毛主席去南方，中央由刘少奇和邓小平同志主持，向全市派工作组。从河北省调来了大批干部。房山法院派驻了三人组成的工作组，组长是河北保定地区某派出所一张姓所长。在工作组主持下选出法院"文化大革命"小组。曲院长刚到房山不久，尚无人事矛盾，被选为"文化大革命"组长。几乎还没有开展工作，中央风向大变，工作队匆匆撤走。8月份选出新一轮"文化大革命"小组，时人称之为"二文革"。此后曲院长已悄悄靠边站。9月1日，"二文革"主持揪斗了走资派鲁敏生，还有一名副庭长常彬。此后一段时间曲院长仍与革命群众在一起。运动深入后，1967年2月曲院长也被批斗。鲁敏生、曲珣、常彬均被打入另册，进了"牛

好友追忆

棚"。1967年5月,以房山县直属机关为首,波及全县各乡镇,分裂为两大派,而且派性愈演愈烈,发展成几次大型武斗。

1968年,解放军介入地方运动执行三支两军任务,2月房山县革委会成立。同月,公检法宣布军管,成立公检法军管会,检法两院合并,成立检法军管小组。2月19日,军管小组进驻法院。1968年9月5日,县直机关除留少数人支持日常工作外,大部集中到岳各庄公社天开村北京市精神病二院办学习班。9月18日举行开学典礼,实行军事化管理。10月,上级指示,军管单位回原单位自行办班。公安先撤,11月19日检法两院撤回房山,开始清理阶级队伍,整党,斗批改。党员逐个"斗私批修",群众通过,军代表点头才能"过关"。我有幸同鲁敏生、曲珣、常彬三位"走资派"于整党最后一天一起恢复组织生活。

1969年6月,军代表宣布"斗批改"结束。两院29人,除抽到县革委会3人,自杀1人外,留机关4人(原法院2人,检察院2人),其余21人全部下放。其中下放到长阳公社西营大队5人,曲珣任组长;到大紫草坞公社大紫草坞大队5人,常彬任组长,我被分在这个组;到周口店公社车厂大队5人,鲁敏生任组长;到县直属"五七农场"6人。至此,法院被彻底砸烂。6月24日下午,下放人员分乘汽车离开法院。

曲珣于1973年4月调回房山法院,同年8月1日撤销军管,李忠孝任院长,曲珣任副院长。马英是"文化大革命"中由市法院下放到房山农村的,也是这时调入法院,任副院长。

新班子陆续召回旧部。我是1975年1月9日由紫草坞公社党委宣传委员、政治组长任上调回法院,接上组织和工资关系,被

政法老兵的背影

县里抽到县贫下中农协会筹备组工作，开完代表大会又参加建立贫协常设办公机构。春节后，1974年2月我正式回法院上班。那时，曲院长已调离房山去了门头沟区法院。

我和曲院长最后一次相见是1996年11月28日。曲院长在房山时，一位审判员张永海（1981年升任副院长，1994年离休）突发心脏病去世，曲院长（当时已从市高院经济庭长，离休）和马英，还有许汝藩（原市高院副院长，离休）三人来房山，到张永海家吊唁。我作为张永海的老同事、老朋友正在张家帮忙料理丧事。我以一拨老同事的名义撰写了一副挽联，这三位老前辈特来吊唁，也在上面署了名。

我是1957年5月，从房山县政府调入法院当书记员。1963年7月任助理审判员、办公室负责人，直至"文化大革命"。下放劳改结束回到法院时，李忠孝任院长。马英、徐德福任副院长。不久，马英调回市院。1977年3月，我任办公室主任，1980年5月任副院长，并参加院党组。1985年11月借调到县委政法委员会任办公室主任。1987年7月，房山县、燕山区合并为房山区，我正式调出法院，1988年5月任区委政法委副书记，1998年10月退休。

2016年8月30日

门头沟法院重生中的曲院长

尚永民 周 清 王成军 赵文哲

2016年10月9日下午,门头沟法院四位老同志尚永民(退休门头沟法院副院长)、周清(退休门头沟法院副院长)、王成军(门头沟法院退休干部)、赵文哲(门头沟法院退休干部)聚集在门头沟法院旧址,怀念原院长曲珣。

一 恢复法院工作,奠定发展基础

尚永民:我是1972年来的,当时法院正处于军管期间。曲院长1974—1978年在门头沟法院工作,前后不足5年。那时工作条件很差,门头沟法院只有刑庭、民庭和办公室。他来后刘生树被任命为副院长,后来去了司法局。刑庭庭长是张景升,民庭庭长是晁秉荣。

周清:我是1975年10月从农村来门头沟法院的。我与曲院长有缘,他儿子曾在我原来任职的妙峰山公社插队。曲院长来时,刚刚恢复公检法,门头沟法院只有4个人,没人没钱没物,

政法老兵的背影

很难开展工作。他为恢复法院做了很多工作，与区里协调解决问题。他根据中央9号文件的精神，从农村、学校的干部、高中生，以及转业军人中挑选人员充实法院。他走时已有十五六个人了，配备了一辆后开门吉普。

王成军：我是1965年到门头沟法院的。1966年开始"文化大革命"，砸烂公检法。检察院和法院一共留了7个人，法院4个人。其中两人是警察，有我。当时法院叫中国人民解放军军管小组门头沟区人民法院，但法院不审案。我被派随公安局的人去现场，见人家打急了就说别打了，制止纠纷恶性发展。曲院长来时法院条件不好，我下去办案要借自行车。他脑子活，知识广，人脉广。"文化大革命"的下放干部后来都做了领导，要与他们搞好关系，否则不好办事。后来形势好转了，他知道上级部门要给法院配车，但没有司机。他协调区卫生局司机李可军师傅当教练，用卫生局的车和汽油培养我当司机。当我通过考试拿到驾驶证时，他请李师傅吃饭，并送给他一套《毛泽东选集》（四卷本）表示感谢。这在当时是时兴的礼物。直到今天，李师傅还珍藏着这套《毛泽东选集》，感慨院长陪他吃饭。他在没车时就着手培养司机，从这事也看出曲院长眼光超前。

周清：法院恢复后，存在大量的民事案件，审判人员严重缺乏。曲院长根据当时的具体条件，采取了办学习班的方式，指导民庭人员到公社居委会，集中当事人办班，对其进行法制教育和说服工作，对调节民事纠纷和社会稳定起了一定的作用。这种做法是他提出的，在其他区县没有，受到市里重视。曲院长在门头沟时，是门头沟法院特别困难的时期，他干了一届多，为恢复门

好友追忆

头沟法院做了大量的工作,打下了门头沟法院发展的基础,留下了人才。当时区法院的干警后来都成为骨干,走上了领导岗位。

赵文哲:我没和曲院长一起工作过。当时我在公安局。我们老公安局的人也打听法院的事,对这位从区外调来的领导感兴趣。我认识他,我所听到关于他的舆论没有不好的内容。"文化大革命"中,法院被砸烂了,曲院长来后恢复法院,对法院招聘人员起了很大作用。"文化大革命"还没结束,人际关系比较复杂。他与区里各种渠道打交道,与区政府协调工作,社会关系搞得好,稳稳当当地做了4年院长,使法院工作有了发展。

二 关心和爱护干警,与干警打成一片

尚永民:他与同志们的关系好,爱护干部,对人和气,人也朴实。我给他理了两年的发,每月一次,开始用手推子理。后来他让买了电推子,再后来调了个女同志,做炊事员兼理发员,办起了食堂,方便了干警生活。之后还让王清波(食堂管理员兼会计)在法院北边种菜,改善伙食。

周清:当时粮食和蔬菜都是统购统销,凭票证供应,口粮定量,大米一个月就几斤,副食店平时都没有菜卖,生活艰苦。曲院长来后,协助办公室主任杨文庄联系长阳公社,搞来大米和白菜,1975年春节每人发了50斤大米和一小麻袋(约二三十斤)白菜,就像是雪中送炭,干警们很高兴。

王成军:他很重视干警的业余生活和健康,开展了乒乓球、羽毛球等体育活动,配置了乒乓球案子。中午打打球,法院有了

· 185 ·

政法老兵的背影

生气。晚上他到宿舍敲门，见年轻人睡了，就叫起来，说"年轻人什么时候就睡啊"，然后打球到 11 点。他下乡与公社的乡里的干部都能说到一起。

周清：他没架子，和蔼可亲，平易近人。"文化大革命"期间，法院也要贯彻中央"深挖洞、广积粮"的指示，在法院院内挖防空洞，挖了有七八个月。曲院长已经近 50 岁的人了，穿着背心，大多数时间和我们二十几岁的青年一起干，挖土、砌砖。他回西城后，对门头沟有感情。头几年法院老人集中时他常过来看大家。继任他的卫定国院长去世他也来悼念。

赵文哲：他对老人新人都没官架子，院长帽翅儿不小，平易近人。他工作时与干警一样干，工作学习认真，闲下来与干警一起玩。单位一把手与干警一块儿玩的没有第二人。40 多岁了，这个性格不错。我知道这个人不错。

2016 年 10 月 10 日

我最尊敬的老领导

张明杰

去年也是这个时候，来到怀柔法官学院参加读书班，习惯性的在名单中找寻曲珣老院长住的房间，没有看到曲院长的名字。午饭时，我问老干部处长："曲院长怎么没来？"陈处长说："曲院长年初就走了。"我惊愕，因曲院长身体一向尚好，团拜会还见到他了，怎么走得这么快？怎么遗体告别没有通知我？在我一通的追问告一段落时，陈处长告诉我家属遵照曲院长意愿从简。我在微信上向几位西城区法院的同志通报了曲院长病逝的消息。这次又到怀柔，更加怀念他，想把他在西城法院的点点滴滴记下来以此纪念他。

一　胸襟宽阔的曲院长

曲院长到西城法院任职时，"文化大革命"已结束四五年了。但十年的分歧或派性还存在于这个40多人的单位中。曲院长虽与两派无任何恩怨，但不可避免地会置身于其中。尤其是在用人上，不管用谁，总有反对意见。轻者公开反对；重者阳奉阴违，私下串联共同反对，更有甚者联名上告。这些都给他的工作造成极大的障碍。当时本人只是个来院4年的退伍军人，和西城法院的"文化大革命"没有关系。只是听到一班干警的议论，自然不知院领导层的分歧和曲院长的难处。只是现在回忆起那几年，从未在曲院长的言谈中听到对班子同事和中层干部的不满言论和自己的委屈。从未看到、感觉到他对意见不同者的打击报复。他离开西城法院多年后，我也走上了领导岗位。我与他见面时或多或少会聊到当年西城法院的工作，竟然从未听他指责张三李四。有时我故意往某人身上引，暗指某人别有用心时，曲院长竟然说千万别听某些人瞎咧咧，哪有那么严重，那是工作，是工作就有分歧，工作分歧是最正常的分歧。

二　西城法院正规化的开拓者

曲珣院长在西城法院的那几年，是《法院组织法》《刑法》和《刑事诉法》刚实施的初级阶段，工作最繁重，最累的几年。法院组织法要求法院的内部结构，设置都要有变化；和上级法院和区里的党委、人大、检察院等机关有新的界定，这些工作曲院长必须亲力亲为。

刑事审判的庭审程序，对我们来说一点概念都没有。在那几年放的外国影片中只有很短的片段，如印度的《流浪者》《冷酷的心》。我的回忆中，我们在刑诉法实施前审案子和公安局的预审没什么区别，只是他们工作的重复。曲院长和主管刑事审判的

好友追忆

蔡院长和我们一起学习刑诉法、上级法院关于贯彻刑诉法实施的细则，一个阶段、一个环节、一个用语地细抠，并通过开模拟庭的方式加以训练、强化，使西城法院的刑事审判工作在很短的时间内走上正轨。在实体法上，不仅组织我们逐条、逐款、逐项的学习、讨论，还把上级下发的案例及我们过去办过的案件拿来逐个研究、探讨，使大家在定性、量刑上形成比较统一的共识。

三 法院队伍建设的远见者

随着法制的发展，法院审判队伍捉襟见肘，急需增加。"文化大革命"后的大学生尚未毕业，基层法院人员的来源主要是退伍、转业军人和返城的知青。1983年"严打"前后又从其他机关、学校补充了些喜欢从事司法工作的干部、教师，绝大多数只有初中文化。不仅所有这些人的业务知识需要强化，就算是老人儿也急需更新。曲院长鼓励、动员大家参加夜（业）大的学习，在吸取知识的同时获得相应的文凭。当时30岁左右的大多数同志在各类成人学校接受再教育，他们当中的大多数成为业务骨干，甚至担任了院级领导。当时因我刚有了小孩，家里负担重，没有报名上学。一天下班后碰到曲院长，他问我"上学去呀？"我说："不是，我没上，现在回家看孩子。"他用惊讶的眼神看看我，用责备的口吻说："你这个年纪家庭和事业是同样重要的，任何偏废都会影响你一生。明年你小孩稍大点了，必须克服一切困难上夜大。"后来我遵照他的指示，也上了夜大，系统地学习了法律大专的课程。实践证明这个学习对我的成长进步的作用是非常关键的。

四　严肃和慈爱并重的长者

　　第一次见到曲院长时的印象是：五短身材，不苟言笑。时间久了才发现曲院长笑时特别真挚，是从心里发出的，非常灿烂，让人由衷地舒服。他关心人从不是做表面文章，是真的想帮你解决些困难。1981年，我的小孩1岁了，喝牛奶公司限量供应的鲜牛奶。那时候不像现在这么认奶粉，市面上也鲜有销售的。有一天他把我叫到他办公室，询问我的家庭情况时很主动地对我说："奶要不够吃，我可以给你弄些奶粉。"（曲院长"文化大革命"时期下放在良乡农场，有这方面的关系）这让我非常感动，他是一院之长，我只是个普通的助审员。有他这样关心下属的领导，我能不好好干吗？！还有一事，也是1981年，我参加复查平反冤假错案的工作，时间紧，任务急，出差多。因为我家庭负担重，在第一次出差前，曲院长还专门把我叫到他办公室，问我出差行不行，出差期间家里有事可直接找他。我很感动，我们之间差着好几级呢，而且出差是工作，你必须干的，困难应你自己克服。但一把手越过庭领导的关心，让我理解了"士为知己者死"这句话。曲院长和那时候的干部都是清廉的，回想曲院长在西城法院的5年时间，我从助审员升职到庭长，从未有一两茶，一两酒"意思"，从未想过要给他送礼。他们的清廉作风，深深影响了我，我在西城、东城法院任领导职务期间也以收受下属和当事人的财物为耻，做到了两袖清风。曲院长的毛笔字非常好，我不懂

好友追忆

书法，谈不出子丑寅卯，但曲院长的毛笔字婉丽清秀，看着非常舒服。曲院长也爱玩，精通麻将和扑克牌。他们那时上下班都是自己骑自行车，没有车接车送的。有时下班了去取车时看到值班室有3个人，就不回家，和法警班的值班同志打扑克牌，他夫人打电话问他怎么还没回来，他一看表8点多了，就说在加班学习文件，学完了就回去。哈哈哈，没说谎，是54号文件。

2016年5月17日

发挥余热的老伙伴

罗克钧

20世纪80年代,改革开放,百废待兴,律师业恢复后,社会上极度缺乏人才时,曲珣和许汝藩(北京市高级人民法院副院长)、蒋克(北京市法律业校校长)、罗克钧(崇文法院院长)都在那时先后离退休,商议如何发挥余热,为社会提供法律服务,遂聚集离退休的老审判人员20多位,在原崇文法院门前空场修建几间房,报请市司法局批准,试成立北京市法律服务部,后改名北京正大律师事务所,我们都被任命为特邀律师。

曲珣同志正直公道,平易近人,群众关系很好,精于法律业务,工作热情很高。我们由于曾在法院担任领导职务,不便与前同事或晚辈对簿公堂,很少代理诉讼,多担一些企事业单位法律顾问。比如受聘担任北京市工商联合会法律顾问,帮助该会解决不少重要法律问题,或在所里为前来咨询求助的群众释疑解惑,提供法律帮助,有时比在法院上班还忙。

我们创立律师事务所的初衷就是利用法律事务的一技之长,发挥余热,为群众提供法律服务,所以收费很低,有些根本不收

好友追忆

费。除了房租和办公费用所剩无几,不为创收,无人计较。

律师的十年,是在曲珣等同志的主持下,自主创业的十年,生活简朴忙碌而相当丰富,办公室里不用开会,天天都在研究着各自遇到的问题。来访者、求助者带着的沉重问题而来,经过交谈释法,平了"冤屈",顺了气,解开了心中的疙瘩,明白了不伤和气,依照法律该怎么处理,轻松而去,我们也感觉实现了自己的价值。十年的律师生活,虽然辛苦点儿,但确实是充实的,丰富多彩的,令人难忘。

老曲,我的好同志,好兄弟,你怎么就悄悄地走了,我想你。

2016 年 3 月 31 日

为百姓主持正义

吴金良

我们是 1983 年在市高级人民法院刑庭认识的。为了给严打把关,让几个老同志来,有蒋克和曲珣。时间不长,半年左右。后来他到经济庭,我去了区法院,就接触少了。1994 年 4 月换届,五六月份我退休。老许(许汝藩,原主管院长)与老曲办法律事务部,让我去那儿。干了一辈子,退下来不适应,去那儿比在家强。我在正大律师事务所不是正式的人员,参与了几个顾问单位的案子。

大约 1994 年,张耀宗和老许、老曲、天安门管理处一起办天安律师事务所,是集体所有制。天安门管理处有房子。我刚下来,对律师所不熟悉,与老许商量,让老曲帮着办,组织业务和研究案子。老张在电视台的事多,他让我们办北京电视台的案子,是我和老曲以及其他同志共同办理。天安所从 1994—2004 年有十年左右。老曲不常来,他主要在正大所,在天安我们一起商量。1996—1997 年,老唐(占蕴)到了天安所。天安所不大,五六个律师,以我们法院的为主。有一个崇文街道的。后来要求

好友追忆

合伙制，要专职的律师，我们都是特邀律师。我们老同志办事认真负责，依法维护老百姓的合法权益，不大包大揽，不许愿保证能赢。社会风气不正，打官司中花钱走关系。当事人见不到法官，就让律师送礼。我们接案子，要看有没有理，没理的解释清楚不接，主持正义嘛。有时企业老板送礼，有的送钱，让我们行贿，我们不干。有的公司老板说，你们老同志不会利用你们的优势。十来年接了案子，按有关规定标准合理收费。有的案子判得不合理，人家有冤屈，我们也找过法院的老同志，那不是应私情，是为了主持正义，为了有错必纠，维护法院的形象，不是为了钱。我们这些老同志就是为了给老百姓主持正义，维护他们的合法权益。

2016 年 5 月 9 日

贿赂，我们不搞

曹立昆

北京市法律服务部是 1987 年开始组织的，老许（汝藩）、曲珣、老罗（克钧）、老蒋（克）退休，老许牵头。在崇文法院南边建房，老罗是崇文法院的，申请了地，老许申请，市法院院长刘云峰批了几万块钱。房子建好后算是出租给法律服务部，我们给崇文法院交租金。1988 年正式成立北京市法律服务部。老曲以业务为主，老许管行政。我是 1989 年退休，原在市高级人民法院司法行政装备管理处，管着全市的费用。换了主管院长后我退居二线，有时去看看。1988 年北京市法律服务部找了会计，但账目搞不清，请我帮助弄弄。1989 年我退休了就正式过去了。1993 年和 1994 年，北京政法干部管理学院的正大律师事务所（由有法律专业的专职或兼职律师组成，在东郊办公，在城区没有办公地点）与我们谈，要求合作。因为要求律师事务所的领导要由专职律师出任，原来的法人代表是老许，有法人证书，改成正大律师事务所后由黄佩英任主任。她是名义的，不坐班，主要在外搞

好友追忆

业务。专职律师有四五个人，收案和结案时来。所里特邀律师业务是大块，是主要的业务。

2000年北京市司法局搞特邀律师事务所合伙制。原来法院的都是特邀律师，来自全市的法院离退休人员，有原高院的，崇文的（罗克钧、李成元）、东城的（高玉生）、通县的（王德芳）、西城的（王建青、王文斌）、海淀的（李廉）、宣武的（何乃馨）几十人。下挂了东城和通县法律服务部，自负盈亏。东城的由原院长高玉生牵头。与正大合伙后由王永源任顾问，专职律师任主任。原来法院离退休老同志撤出了，去了市工商联法律事务部。

合伙之前建立了工商联法律事务部，在前孙公园胡同，合伙制后我们干的时间不长。约2002年，就散了。后期在那儿业务不好开展。当时社会情况变化，业内风气不好，社会上流传"大檐帽两头翘，吃完原告吃被告"，有贿赂法官的现象。律师除了代理费还向委托人要车马费、活动费等。一般的刑事案件在专业律师所收1万元的，公开收1000元，个人收9000元，实际开的发票与收的钱不符。我们不能搞这个。有些离婚析产的，在我们这里只收几百元，多的千八百。经济经营性的案件，我们按司法局规定的标准收费。有些案子委托人提出不合理要求，要送钱，这样的案子我们办不了，逐渐业务就萎缩了。另外，特邀律师有年龄界限，我们都是60岁退休后干的，年龄也大了，就不干了。

老曲业务能力很强，对案子分析头头是道，法律业务扎实，

政法老兵的掠影

指导案子特别棒。一般由老曲老许接案子。律师咨询时，他讲清咱是什么观点，针对律师提出的问题，法律应如何，比较服人。他做过北京市仲裁委员，没能力是不可能的，能力是过硬的。老许特点是稳重。老曲特点表达能力强，业务过硬。

2016 年 5 月 6 日

老曲在长阳

李 连

我和曲珣说是组织安排在一起，我感觉是命运把我们连在一起的。老曲曾为市政法系统老领导当秘书，后来到房山法院做副院长，主持法院工作。我曾在房山县委工作（县办政策研究员），做过公社主任，"文化大革命"中挨过批斗。"文化大革命"中老曲下放劳动，没有恢复工作。我被工宣队认为是好干部，要安排到大的公社做革委会副主任。因为派性严重，职务被人调换了，让我去小公社，我不愿意。当时县革委会副主任说，你血压高，先在家休息吧。一个月后，让我去长阳公社杨庄子大队当党总支书记。这个大队人口多，有特产，原来相当于公社规模。当时大队部十几间办公房当了军管解放军部队战士的宿舍。大队军宣队不欢迎我，不公布我的派调证明。我与战士一起睡大通铺。村干部不买军宣队的账，管大队一把手叫"田大白薯"，大队长叫"张大白菜"，副书记叫"韩玉抡"。我很难工作。我去西营村找老曲。这之前没和他共过事。他是县法院下放劳动干部组长，给我介绍了情况。我采取了三条措施：一是落实干部政策，调整班子。如全国劳模李德生在队里,"文化大革命"时被诬为走资派、坏蛋,腿被打断了。房山县十多个劳模材料曾是我写的,我对李德生的事清楚。我说他犯错误也是好干部,落实政策后用大喇叭广播了3天。我们这个大队成为模范村,出了一些先进人物和干部,还出了一位区委书记。二是批无政府主义。三是端正经营方向。村里地好,原来高产,让造反派开砖窑了。奶牛场的马车让他们也卖了,我们做了批评。然后学大寨,抓生产。公社大喇叭广播生产进程,我们大队最快。

老曲所在西营村当时工作落后,让他给改变了。有个人是公社党委委员,原是一般干部,老说老曲不努力,净说他坏话。老曲很稳重,境界高。村里有个盗窃团伙,影响全村。老曲破了案。大队调整了这个村的班子,西营村工作扭转了局面。市公安局下放干部组在张家场村,组长傅明光把这个村也搞起来了。这个大队辖8个村,9个党支部,调整了4个村的班子。大队工作让我们3个人搞起来了。在公社我们大队每件事都是模范。1970年开始,这个大队在全公社5个大队中一直处于先进地位。为环境所迫,我说北学一个人,南学一个人,实际内心想说"西靠傅明光东边靠曲珣"。我编对子,"一心有曲兄傅弟,两眼无南北二人"。

1970年公社成立了党委。"文化大革命"前长阳公社是农场,是政企合一的单位,企业那块搞不起来。党委书记变通,搞了企业分场。傅明光在总场场部任宣传部长。我和老曲搞企业分场。场长是贾天文,我是书记,老曲是副书记。他比我年纪大,资格老,但他不争,有水平,精神境界高,工作作风踏实,我们

· 200 ·

好友追忆

合作得很好。后来企业分场撤了。老曲到长阳先在西营村，然后去了林场，又到企业分场任副书记，撤分场后又回林场任党支部书记兼场长。他把林场也搞得好。这个林场现在已经没了，原址位于长阳四大队北面，永定河堤上边，修了两个小水库，二道坝也没了。

  我们一起工作6年，做了46年的兄弟。我们的关系是同事、朋友、战友、兄弟、铁哥们，老曲是我的良师、挚友。同是天涯沦落人，相逢好似曾相识。他胸怀坦荡，为党为民，气度豁达，能屈能伸。1974年，老曲回县法院，我去了县知青办。老曲心胸大。他当院长后，我说应当克扣当年说他坏话的那个干部，他一笑，说："他一个孩子，理他干嘛！"

2016年4月8日

后　记

在父亲好友和有关单位的支持下，这本纪念文集终于问世了！回想当初，当我面对电话簿的陌生名字和照片上从未谋面的面孔时，几乎无从下手。是父亲的好友和他曾经工作过的单位同志的帮助，引领我顺藤摸瓜，才使我梦想成真。我和母亲及全家由衷地感谢每一位帮助我们的人！我会记得不顾年高体弱接待我登门或电话访问的蔡祥云、曹立昆、吴金良、张耀宗、李更、乔枋楠、王永源、傅明光等叔叔以及黄淼仙阿姨；赵玉荣叔叔索性将从未给外人阅过的回忆文章供我使用。魏有仁叔叔提供和授权给我使用学运照片和刊用他的文章。北京市团市委研究室李雪红主任和昝莹莹，北京市工商联办公室等单位提供了的宝贵历史资料；张明杰当时不在市内，利用学习的间隙赶写追忆文章；宋湘叔叔午夜传来一段段回忆信息；张其锟叔叔虽未和父亲一起共事，却主动提供老团干线索，并与对方联系落实；原北京市人大研究室的艾淑英、西城法院王玲、国际贸易仲裁委监督处安平都帮忙穿针引线。房山区人民法院的邢新梅提供了档案资料，并组织退休老同志见面，老干部处年轻人热心服务。受门头沟区人民

后　记

法院领导委托，姜巍巍科长四处搜集资料和信息，并和孙雪娇联系退休老干部；退休老干部王成军组织尚永民、周清、赵文哲在老院址回忆座谈。西城区人民法院退休干部张淑珍召集王秋英、侯静座谈；经王秋英介绍，他的同学于海生为了查找、邮寄照片整整忙了一天；等等。我感谢唐占蕴、王丽云、吴金良、赵玉荣、张鲁民、宋湘等叔叔阿姨帮助核实信息，对文章提出宝贵建议；我的好朋友魏国英对目录和《写在前面的话》提出修改意见，啜大鹏的鼓励，朱犁积极提出书稿修改意见，协助出版。中国社会科学出版社编辑王衡和相关工作人员为提高书的质量辛勤劳作，付出心血。总之，难以尽述，感谢所有给父亲以友情，给家属以安慰，为本书做出奉献的友人！

在此书即将面世之际，我愈感不安，不知我的表述和对文章及图片的处理是否得当，在文中对伯伯、叔叔、阿姨、大哥、大姐都直呼其名，有所不敬，敬请谅解。

尽管众人鼎力相助，编写时力求真实，但时隔久远，许多当事人已不在了，甚至有的刚刚离去，当年收存资料和信息条件又差，加上司法工作的特殊性，有些资料收集不到，有些无法核实，难免存有纰漏，敬请读者谅解。

2016年11月2日